精忠岳飞

龚延明——著

浙江古籍出版社

图书在版编目（CIP）数据

精忠岳飞 / 龚延明著 . -- 杭州 : 浙江古籍出版社，2023.6

ISBN 978-7-5540-2585-7

Ⅰ . ①精… Ⅱ . ①龚… Ⅲ . ①岳飞（1103-1142）-传记-青少年读物 Ⅳ . ① K825.2-49

中国国家版本馆 CIP 数据核字（2023）第 075775 号

精忠岳飞

龚延明　著

出版发行　浙江古籍出版社

（杭州体育场路 347 号　电话：0571-85068292）

网　　址　https://zjgj.zjcbcm.com

责任编辑　徐　立

责任校对　吴颖胤

美术设计　吴思璐

责任印务　楼浩凯

照　　排　浙江时代出版服务有限公司

印　　刷　浙江全能工艺美术印刷有限公司

开　　本　880mm × 1230mm　1/32

印　　张　9.5　**插　页**　4

字　　数　150 千字

版　　次　2023 年 6 月第 1 版

印　　次　2023 年 6 月第 1 次印刷

书　　号　ISBN 978-7-5540-2585-7

定　　价　38.00 元

南宋绘画《中兴四将图》：岳飞（左二）、张俊（左四）、韩世忠（右四）、刘光世（右二）
（中国国家博物馆藏）

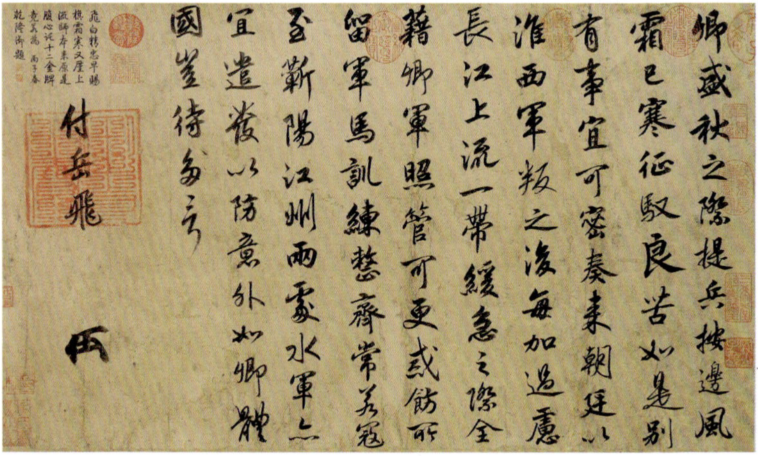
卿盛秋之際提兵按邊風霜已寒征馭良苦如是別有事宜可密奏來朝廷以淮西軍叛之後每加過慮長江上流一帶緩急之際全藉卿軍照管可更戒飭所留軍馬訓練整齊常若寇至蘄陽江州兩處水軍亦宜遣發以防意外如卿體國豈待多言

付岳飛

宋高宗赐岳飞手札

（台北“故宫博物院”藏）

释文：卿盛秋之际，提兵按边，风霜已寒，征驭良苦。如是别有事宜，可密奏来。朝廷以淮西军叛之后，每加过虑。长江上流一带，缓急之际，全藉卿军照管。可更戒饬所留军马，训练整齐，常若寇至，蕲阳、江州两处水军，亦宜遣发，以防意外。如卿体国，岂待多言。付岳飞。

（明）姚茂良著《精忠录》中战朱仙镇图

（明）姚茂良著《精忠录》中岳飞像

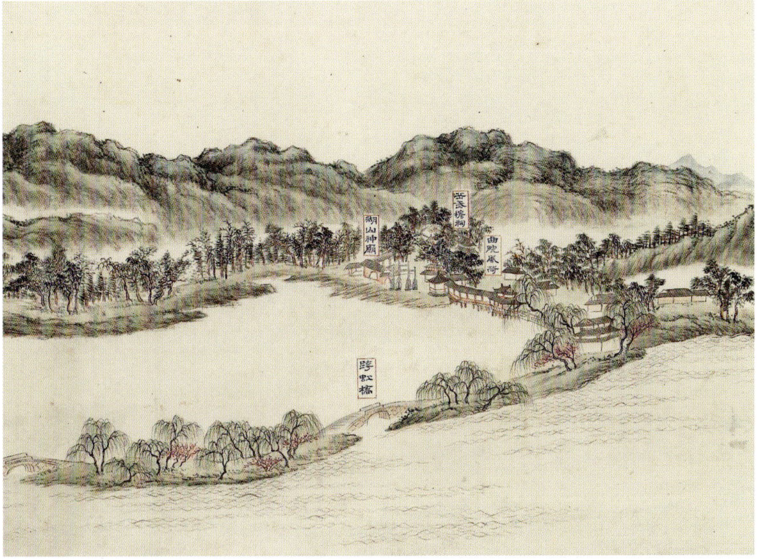

（清）董邦达绘《西湖十景图》中岳飞祠局部图景
（台北“故宫博物院”藏）

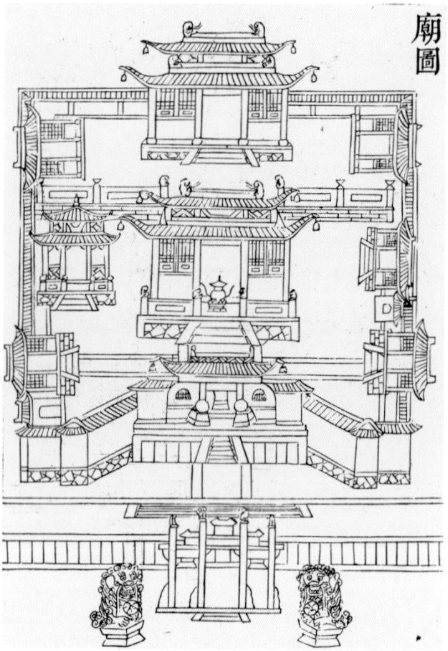

清光绪五年刻本《岳庙志略》
杭州西湖岳庙图

清光绪五年刻本《岳庙志略》
杭州西湖岳墓图

前　言

习近平总书记在2016年一次讲话中说："我从小就看我妈妈给我买的小人书《岳飞传》，有十几本，其中一本就是讲'岳母刺字'，精忠报国在我脑海中留下的印象很深。"可见岳飞（1103—1142）的史事对一代又一代的中国人，影响至深。岳飞在中国人的心中，是一面爱国统一的旗帜，一位精忠报国的民族英雄，他的英名家喻户晓、有口皆碑，成为塑造中华民族精神的历史伟人之一。

岳飞离开我们已经880余年了，为什么时至今日，他仍然活在人们心中，激励着一代又一代中国人热爱祖国、保卫祖国呢？这就需要了解岳飞在国家危亡的关头，"以身许国，何事不敢为"的从军报国、抗击侵略，浴血奋战、视死如归的光辉一生。

岳飞出生于河南汤阴县一个农民家庭。岳飞的母亲深明大义，教育岳飞要"精忠报国"，还把这四个字刺在了岳飞背上，以时刻警醒着他。在母亲教育下，岳飞从小立志精忠报国，学文习武，练出一身本领。二十岁时参军抗辽，以此为起点，岳飞踏上了保家卫国的抗敌战场，开启了叱咤风云的报国人生。他慷慨激昂地说："国家平燕云之初，臣方束发，从事军旅，誓期尽瘁，不知有家。"

北宋被金军灭亡后，建炎元年（1127）南宋政权建立，揭开了大规模的宋金战争。岳飞在抗金战场上，所向无敌，成为使金军闻风丧胆的“岳爷爷”。岳飞率军大举北伐，取得了著名的“郾城大捷”，打破了金军“拐子马”“铁浮图”不可战胜的神话。岳家军进军朱仙镇，金军惊呼：“撼山易，撼岳家军难！”岳飞准备率领大军，直捣金国重地——黄龙府！他鼓励将士道：“直抵黄龙府，与诸君痛饮耳！”

万万意想不到的是，宋高宗与秦桧恐惧岳飞乘胜继续北上，扫灭金军，迎回被掳的徽、钦二帝，于是立即连发十二道金牌，急召岳飞班师回朝。最终，岳飞的北伐之功毁于一旦，“还我河山”的壮志终成泡影！之后，宋高宗与秦桧又以“莫须有”罪名，将岳飞等人投入临安（今杭州）大理寺狱，并在除夕之夜，将抗金名将岳飞杀害。岳飞，一个农民的儿子，在抗敌战场上百战百胜，不到十年位至将相（官少保、节度使、枢密副使）。岳飞被害时，年仅三十九岁。

民族英雄岳飞虽死犹生，他的爱国精神，激励着炎黄子孙热爱祖国，决不允许任何侵略者侵占祖国大好河山。那么，什么是岳飞精神？《精忠岳飞》将会告诉读者：

“精忠报国”——岳飞的爱国言行；

“文官不爱钱，武官不惜死，则天下太平”——岳飞的为官之道；

“冻死不拆屋，饿死不打掳”——岳飞治军的严明纪律；

“待一万人如待一人”——岳飞虽身居高位却平等待人；

“廉洁奉公，不殖私产”，“北虏未灭，何以家为”——岳飞的高尚情操；

面对权贵的诬陷、迫害，宁死不屈，心昭天日——岳飞的高风亮节；

教子女从严、待父母至孝——岳飞的家教与孝道，等等。

以上种种岳飞精神，已融进了中华民族的优秀文化传统之中，构成了中华民族优秀精神遗产的一部分。因此，岳飞的英名及其功绩，历经880余年而盛传不衰，岁月的冲击不能磨损，政治的风雨难以摧毁。因为它代表着我们民族传统的浩然正气，代表着我们历史先贤的高尚品格。

展开在读者面前的《精忠岳飞》，将岳飞从平民到将相的光辉人生、抗击侵略者的赫赫战功，及其崇高的爱国精神，简洁而生动地展示出来。让我们一起走近岳飞，走进岳飞的心灵！

龚延明

2023年4月27日

目　录

第一章　莫等闲　白了少年头

第二章　坎坷戎行　二遇“伯乐”

第三章　杀敌保民　转战江南

第四章　经营北伐　长驱伊洛

第五章　指麾中原　直逼东京

第六章　千古奇冤“莫须有”

第七章　高风亮节　旷世贤将

第八章　正气长存　世代尊崇

第一章

莫等闲
白了少年头

1 少怀报国壮志　刻苦学文练武

北宋徽宗崇宁二年（1103）春天，经常遭受黄河泛滥之灾的河北西路，正是饥荒季节。河北西路相州汤阴县（河南汤阴）永和乡孝悌里，有一家农户，农户的主人叫岳和，自种一些薄田。岳家自他的祖先从山东聊城县搬到汤阴县永和乡孝悌里居住后，世代务农。那岁月，官府赋税苛重，豪强任意兼并，侵占农户土地，水、旱、蝗灾不断袭击，农民的生活一年比一年苦，岳和家里也只能勉强糊口。但是，岳和为人忠厚热情，他看见同里近邻，谁家断粮停炊了，总是慷慨解囊，济人之危。家里人不堪忍受了，难免口出怨言。岳和就开导他们说："一个人一天不吃就饥饿，三天没吃要患病，直至力竭神疲而死。我们一日三餐减为一日两餐，不吃干的吃稀的，每天半饥半饱，苦是苦了些，但总不至于饿死，以此代价换得救人一命，难道不值得我们去做吗？"为此，岳和一家赢得了乡里的敬重。这一年早春二月的十五日（公历 3 月 24 日）晚上，岳飞就在这个勤劳善良的农民家庭中诞生了。

婴儿呱呱坠地的时刻，恰好有一只大鹄鸟在岳家屋顶上飞鸣，岳和感到几分惊异，他希望儿子将来有鲲鹏万里的前程，于是给新生的婴儿取名“飞”，字“鹏举”。

当时以宋徽宗为首的北宋朝廷，只知一味榨取民脂民膏，对年年泛滥、岁岁闹灾的黄河，从没有着力加以修治。岳飞出生未满月，内黄县（河南省境内）的黄河又决口了。内黄西邻汤阴县这一片地区，处在太行山东面的大平原上。决口的河水很快地就卷到汤阴，淹没田园，冲毁庐舍，夺去了成千上万人的生命。当时幸亏岳飞的母亲姚氏急中生智，正当洪涛奔腾涌进家门时，她连忙抱起婴儿坐进了一口大瓮，随流漂去，后来大瓮总算在一块高地边搁浅了，母子俩被岸上的老百姓救上来，才算保住了性命。

岳飞一出世，就碰上了这场大变故。从此，岳家家境衰落，由“主户”（自耕农）沦为“客户”（佃农），开始了靠租种别人田地过日子的贫苦生活。几年以后，岳和夫妇又添了一个儿子，名叫岳翻（一作岳翻）。一家几口，仅靠岳和一人劳动，家计艰难可想而知。这就迫使岳飞从八九岁起，就得跟着父亲参加田间劳动，并度过了他整个少年时期。艰苦的生活磨炼了他一生不辞辛劳、刚毅顽强的性格，也使岳飞从小就能较深地体会人民的苦难。

岳飞在少年时代就爱好读书。白天，趁劳动的间歇，就手捧书本阅读，或在泥地上练字。一到晚上，更是专心攻读了，有时竟通宵达旦。穷人子弟读书是不容易的，比如点灯的灯油，就是一项不小的开支，往往买不起。岳飞就把白天在野外拾来的柴火点燃，当灯照读。再如书籍，除亲友赠送他一些外，他还千方百计地去借、去抄。凭着岳飞刻苦好学的精神，持久不懈的努力，几年以后，他读了很多书，其中他最爱读的是史书和兵书，如《春秋左氏传》《孙吴兵法》等（钱士升《南宋书·岳飞传》）。岳飞对这类书总是反复阅读，力求深刻理解思想内容，掌握书中的要领，从而接受了爱国主义思想和古代军事家的战略战术思想的教育。

少年岳飞具有结实的体质、超人的膂力。据说，未成年的岳飞，已能拉满张力三百斤的劲弓，使用张力八百斤的腰弩。他的外祖父姚大翁，一心要把岳飞栽培成为一个有出息的人，早在宋徽宗政和四年（1114）岳飞十一岁时，姚大翁就请了全县闻名的刀枪手陈广，教岳飞抡刀使枪等技击的功夫。岳飞天资颖悟，又肯虚心求教，刻苦用功，经过一段时间练习后，他的使枪技艺，竟然超过了师傅陈广。少年岳飞便成为"一县无敌"的枪手。

北宋作为泱泱大国，却不能收回被后晋（936—947）石敬瑭出卖给辽的燕云十六州。因此当时的爱国志士，强烈盼望有朝一日朝廷能颁发向辽征讨的诏书，以便自己或子弟前去应征，为国效力疆场，收回故土。岳飞就是这样一个有志青年。他练就了枪击本领后，又到过不少地方跟人学射箭。最后，拜了同乡周同为师。周同箭术高明，爱惜人才，胸怀宽广。他把自己的武艺毫无保留地都传给门生。岳飞经过一番勤学苦练，便把周同的全部射箭技术学到了手。他能够左右开弓，箭无虚发。一次，周同集合众门徒比试武艺。周同开弓先射，连发三箭，三箭都中在靶上。轮到岳飞试射，他引弓一箭，飞矢射落周同集在靶上的箭矢，再一箭，正中靶心。周同非常惊讶，没想到岳飞箭术这么快就超过自己。他为岳飞的进步迅速感到高兴，便把自己珍爱的两张弓赠送给岳飞，期望自己心爱的门生将来能为国立功。

可惜，周同不久就去世了，这使岳飞十分悲痛。因此，每逢朔（初一）、望（十五），岳飞都要买点肉、酒，拿到周同墓前祭奠一番（没有钱买酒买肉，他就把自己的衣服拿去典当）。祭奠时，岳飞总是拉开周同所赠的弓，连射三箭，然后将祭肉埋在墓侧，酹酒。时间一久，岳飞的衣服竟快被典当光了。天气越来越冷，岳飞身上穿的衣服却越来越单薄。岳飞的父亲感到奇怪，问起情由，岳飞总是沉默不答。做父亲的，不免怀疑起儿子交上了什么不好的朋友，有些什么不正当的行为。一天，趁岳飞外出，岳和就悄悄地尾随在后，终于把岳飞典衣祭墓的一举一动看得一清二楚。于是，岳和走上前去，对岳飞说：“你学射时跟从的良师益友很多，为何对周同老师的感情特别深厚呢？”岳飞回答说：“周老师待我情深义厚，在很短时间内，他就把箭术全部传授给孩儿了。像这样的好老师，应当高寿，活在世上多多培养人才的，不幸的是他过早地离开了人间。生前，我未有机会报答恩德；死后，只好以祭奠来寄托我的哀思。至于引弓三发，是孩儿表示不忘师长传艺之恩的意思。”（岳珂《金佗稡编》卷四《行实编年》卷之一）听了这一席充满义气的话，岳和被儿子的高尚胸怀深深感动了。他眼前闪过了岳飞用功读书、刻苦练功的一幕幕情景，顿时被一条无形的线贯穿了起来，终于明白了儿子的抱负，便抚着儿子的背，高兴地说：“倘使将来你能获得施展才能的机会，必定会成为一个不惜为国捐躯的义士忠臣。”岳飞听了父亲的话，也非常激动，便慨然回答说：“只要父亲大人允许我以身报国，还有什么事情办不成的呢？”原来，面对辽、夏两国对宋朝的骚扰和压迫，北宋朝政的腐败，国弱民贫的社会现实，岳飞早就暗自下定“以身报国”的决心了。他在青少年时代，刻苦学文练武，一步一个脚印，都是为着实现自己这一抱负而努力准备啊！

2 束发从军　不知有家

岳飞十六岁那年，和一个姓刘的女子结了婚。结婚第二年，长子岳云出世了。由于岳家人口增多，家计艰难，岳飞不得不外出谋生。他给人家打短工，也当过地主庄园的长工（潘永因《宋稗类钞》卷八《搜遗》）。他也曾被人推荐，当了一阵子“游徼”的差役［李心传《建炎以来系年要录》（以下简称《系年要录》）卷八，建炎元年八月乙亥条］。但岳飞并不情愿干这个巡逻侦缉的差使，常常借酒解闷，终于因“使酒不检”，丢了差使，于是又回去务农。

岳飞二十岁时，朝廷下诏要征伐辽国，说是要收复燕云故土了。岳飞听后，非常兴奋，认为效力国家的时机来临了。于是他毅然弃农从军，奔向征辽的战场。这是岳飞走向政治、军事舞台的极为重要的第一步。

当时，正是北宋徽宗在位时期。宋徽宗赵佶，是历史上有名的昏君。他沉湎于酒色，崇奉道教，奢望长生不老，朝政全由“六贼”——蔡京、王黼、童贯、梁师成、李彦、朱勔等人所控制。这班奸臣在徽宗面前大吹君德隆盛，引诱徽宗不问国事，尽情享乐，以达到自己从中获利的目的。以大兴艮岳为例，即可见其一斑。当时朝廷决定在东京（北宋的国都，又称汴京，今河南开封）按杭州凤凰山的形状，起造周围十数里、高九十尺的“艮岳”（又称万岁山）。为了凿湖叠山，便向全国搜集“瑰奇特异”的石头；为了在艮岳山上栽植果木，雕栏曲槛旁边设置奇花异草，朝廷便下诏令到姑苏（苏州）、武林（杭州）、明州（宁波）、越州（绍兴），以及荆、楚、江、湘、南粤等地，运来果树珍木、香花异草。朝廷还派童贯在苏州、杭州等地设置“造作局”，役使各地征调来的几千名工匠，制造各种精美工艺品。又派朱勔在苏州设“应奉局”，专门搜集各地奇花异草、怪石珍木。还调拨了两千多艘船只，把搜刮物日夜运往东京，每十艘组成一纲，称为“花石纲”。仅“花石纲”一项，就搞得农民不能种田，耕牛无暇耕地，耽误农时去运花石纲，结果耗尽了民财，造成人为的灾害，使很多人饿死累死。官吏们则乘机敲诈勒索，中饱私囊。

北宋朝廷，从真宗以来就屈服于辽，向辽纳款；至仁宗时又向西夏屈服，仁宗以后，每代皇帝都必须向两国输送银绢等物。至徽宗时，每年更向辽、西夏供奉大量的银、绢、茶等财物。这笔巨大支出当然是从人民身上搜刮来的。此外，皇室、官吏还要大肆挥霍。于是朝廷、地方官府就千方百计巧立赋税名目，搜刮老百姓的脂膏。如京西路、京东、淮西等路州，就横遭“西城括田所”的掠夺，还大量增加了农民的额外赋税。

由于徽宗穷奢极欲，既造成了国库的空前虚竭，又造成了民穷财尽。另一方面，从中渔利的“六贼”等一班权臣，却家富巨万。

人民对北宋朝廷的腐败统治，恨之入骨，终于奋起造反了。

北方，有以梁山泊为中心的宋江领导的农民起义，纵横数千里。南方，有方腊领导的百万农民起义军，攻下了六州六十一县，震动东南半壁。这些起义，虽然在几年以后被朝廷集中兵力镇压下去了，但沉重地打击了北宋王朝，致使北宋政权摇摇欲坠。这就反映了当时统治者面临着极为尖锐的阶级矛盾。

以徽宗为首的北宋朝廷，本来就已处于岌岌可危的地位，但他们仍旧一味贪欢逸乐，不仅没有丝毫收敛，以减轻对人民的剥削，反而异想天开地企图利用东北女真贵族新建的金国的力量，去共同夹攻辽国，以收复燕云十六州的故土。于是朝廷确立了联金灭辽的国策，一面秘密派遣使者至金进行谈判，一面暗中做伐辽的准备。其实，徽宗、蔡京这伙祸国殃民的蠡贼，之所以要打出收复燕云故土的旗号，不过是想达到“一箭三雕”的目的：对辽用兵收复故土，旗号堂正，可以转移人民的视线，缓和一下国内尖锐的阶级矛盾；既然是征讨辽国，就要增加军费，蔡京等人就可假借征辽军费的名义，扩大对人民的压榨范围；若大功告成之后，于徽宗能够获得开拓疆土的美名，于蔡京等人可以建立非常之功，以博取帝王的宠幸。政和七年（1117），朝廷先后派人由登州（山东蓬莱）泛海使金，约金攻辽。宣和二年（1120），宋金双方订立了“海上之盟”，条约规定：

一、金出兵攻辽中京大定府（内蒙古宁城县西大名城），宋出兵攻辽燕京（北京），夹击辽国。

二、燕云地区许宋收复，但宋应将每年输送给辽的岁币，如数转献给金。

三、两国不得与辽讲和。

四、如宋出兵失期，“则难依已许之约”［徐梦莘《三朝北盟会编》（以下简称《会编》）卷一］。

对宋来说，这本来是一个含有屈辱性的条约，但是朝廷要征讨长期侵扰北宋边境的辽国，收复燕云十六州故土的消息逐渐传出后，这对于北宋的人民确是极大的振奋。正是在这种政治气候中，两年前岳飞怀着满腔爱国热忱，拜周同为师，迅速地掌握了高超的射箭技术。正是在这个时候，岳飞向父亲第一次表示了“以身报国”的决心。

宣和四年（1122），金邀宋出兵攻辽。北宋迟迟才派出童贯、种师道、刘韐等人统领大军向燕京出发。大军出发之前，刘韐曾出榜招募“敢战士”，岳飞应募，随即奔向前线。事过十余年，位列将相的岳飞曾在回首往事时说：“国家平燕云之初，臣方束发，从事军旅，誓期尽瘁，不知有家。”（《金佗稡编》卷十四《乞终制札子》）

“誓期尽瘁，不知有家”，这八个字是青年岳飞满腔爱国激情的结晶，也是对他一生抗金事业中行止的高度概括。

3

宋军征辽溃败　岳飞初显身手

岳飞投军时，他热切期待王师能一举收复燕地，但这希望却落了空。

原来，宋宣和四年，即金天辅六年（1122）正月，金国如约出兵，金军迅速攻下了辽国的中京大定府，而宋的征辽大军却仍停留在边境一带。这时，东南两浙正遭到方腊起义军的攻城略地，徽宗及大臣苦于征剿失利，又得到辽“以十万兵屯燕京”准备对宋实施报复的边报，朝廷更加惊慌万状。徽宗的“恐辽病”又发作了，他准备废除宋金联盟，退兵回来。但到了三月，金军势如破竹，辽国五座都城，除燕京外，四座已被金军攻占，辽天祚帝西逃。北宋朝廷这时才感到，如再不出兵，燕京可能被金军夺取，于是才命童贯领兵十万“巡边”。皇帝宠幸的高级宦官童贯，他盗名窃誉十分能干，对军事指挥却一窍不通。在作战方略上，又根本不作认真的战斗布置。临出师，徽宗又下旨给他说，如果辽方不降服，就带领全师回来。童贯接旨后，变本加厉，下令“如敢杀一人一骑，并从军法”。打仗不准杀敌，真是等同儿戏！果然，从东西两路进军的北宋征辽大军，当遇到辽军袭击，宋兵因受不准杀人的约束，不敢交锋，前锋一触即溃。徽宗又连忙下诏撤退。

过了一个月，传来了辽新立皇帝耶律淳病死的消息，北宋朝廷自以为有机可乘，于是又“诏童贯毋归”，让他节制二十万大军，再次兴师伐辽。都统制种师道因第一次伐辽失利，作为童贯的替罪羊被撤换了下来，由刘延庆担任统兵官。出征之前，辽易州、涿州守将来降。涿州降将郭药师所部常胜军（也称怨军）很能打仗，愿替宋军打头阵去攻燕京，因此一开始宋军获得了一些军事上的胜利。可是，当郭药师部队攻入燕京，与辽军展开巷战时，号称北宋名将的刘延庆，他的大部队虽与辽军只隔着一条卢沟河（永定河），竟不敢率部渡河应援，致使郭药师部孤军奋战、寡不敌众，不得不撤出燕京。眼看着到手的胜利，竟这样地被葬送了。更可气的是，刘延庆望见对岸的火光，疑心是辽军追兵来了，掉头就跑，二十万大军跟着争先恐后地溃散下来，辎重扔了一路。燕京不但没有收复，反而损失了大量的军储。十二月，金军由居庸关南下，不战而得燕京。

北宋征辽的失败，导致的后果是十分严重的。第一，使野心勃勃的女真贵族看穿了北宋君臣腐败无能的本质，因而激起了他们更大的掠夺欲望，从此开始了金国无餍足地对宋朝的勒索和敲诈。其次，从前线溃退下来的败兵，如鸟兽散，有的成了兵匪，到处打劫掠夺，给人民添了祸患。

两次征辽，岳飞都跟随真定府路宣抚刘韐上了前线。刘韐赏识岳飞英俊矫健的仪表、深通兵法的才干和出众的武艺，一见面就“大奇之”，便任命岳飞为小队长（钱汝雯《宋岳鄂王年谱》卷一，宣和四年条）。第一次征辽之战失败后，童贯回到开封，刘韐则去担任真定府的知府，岳飞随刘韐到真定。第二次征辽，仍因皇帝昏庸，统帅无能，致使英雄无用武之地，岳飞虽然到了燕京前线，却始终没有得到和敌人交锋的机会，也是无功而返。

这时，有一股“拥众数千”的兵匪，窜扰于相州，攻掠县镇，弄得民不安生。官军几次进剿，都被打得大败而回。岳飞看到故乡人民横罹兵祸，他寝食不安，主动向刘韐请战，要求拨给一百名骑兵前去剿灭。刘韐经过认真的考虑，答应了岳飞的要求，为慎重起见，共拨给了二百名步骑兵。

岳飞带领二百名步骑兵，披星戴月，行军近五百里的路程，赶到了相州。他先派遣三十名士兵，伪装成行旅商人，携带行李，推着车子，走向兵匪所盘踞的地区。意料中的事发生了，这三十多个“商人”及所携带的物品，全被兵匪们掳进了营寨。接着岳飞又派遣一百名步兵，于夜间潜伏在敌人营寨前的山脚下。次日，岳飞亲领数十名骑兵，逼近敌营垒进行挑战。兵匪头子陶俊、贾进和看到岳飞所带兵马很少，立即出战。这伙兵匪自恃人多势众，又有屡胜官军的战绩，十分轻敌。陶俊居然盘腿坐在马背上，边骂边上阵。岳飞和陶俊交战了几个回合，佯装招架不住，拨转马头，直往有伏兵的山下奔跑。贼众乘势追赶上来，没想到，正中埋伏。只见岳飞的伏兵跃起厮杀，打进敌人队伍的三十个士兵也一拥而上，从马背上擒下了陶俊、贾进和。对阵的敌兵，顿时乱成一团，不知所措，全部束手就擒。未上阵的喽啰，见势不妙，丢盔弃甲，纷纷逃散。岳飞只用了二百名士兵，就把数千兵匪击溃了。岳飞的军事才能，在他第一次指挥作战中就表现出来了。

岳飞奏凯回到真定府后，因功补了一个承信郎的小官。但任命书还没有下达，便接到了父亲去世的噩耗。岳飞赶忙奔回汤阴治丧。不久，朝廷下令解散“敢战士”，岳飞又重新过着务农养家的佃农生活。

北宋仁宗时名相韩琦，是安阳人，他的子孙世代当官。韩家在安阳有田产、庄园。岳飞在守孝期内，曾到韩家庄园当过“佃客”。因为他勇力过人，武艺高强，又带过兵打过仗，韩家还要他同时承担保卫庄宅的义务。可是岳飞并不安于这种生活，因为当时金国统治者正虎视眈眈，准备伺机南下；而北宋朝廷，仍然上下欺瞒，苟安逸乐。目击过征辽战场上宋军不堪一击的岳飞，怎能不为国家的前途深深忧虑呢！

第二章

坎坷戎行
二遇“伯乐”

4 金军兵临城下　宋廷争论和战

岳飞二十二岁那年，三年守孝期满了。这三年，宋金两国之间，好像没有什么纠纷，其实，为了交割燕云，宋金双方使者在不断地进行着讨价还价。结果，北宋以每年向金纳二十五万两银子、二十五万匹绢以及另纳“燕京代税钱”一百万贯的高昂代价，换回了燕京及其附近地区。这明明是丧权辱国，而北宋的君臣却自鸣得意。岳飞目光敏锐，当时就指出：“国家以为燕云真我有矣……不知要害之地实彼所据，俟吾安定之后，一呼而入，故取燕云而不得诸关，以虚名受实祸也。”（钱汝雯编《宋岳鄂王文集》卷上《与张所论时事》）

当时，北宋朝廷中也有一些具有识见的人。有的说：宋金条约至多能保三年。有的说：金对辽战争刚刚结束，国事未宁，为什么金国又要征集、扩编、训练军队？为什么他们要在边疆重镇的飞狐、灵丘增加重兵？显然，这是金国为了鲸吞我大宋国土，在加紧做好军事准备。

北宋宣和六年（1124）三月，即燕地归宋还不到一年，金国的皇帝、大臣对所拟种种进攻北宋之计，正在作最后的裁决；而金军则在塞外加紧进行操练。此时的北宋朝廷却在张灯设乐，大摆筵宴，为收复燕云庆功行赏。当边警传来时，朝廷还在准备郊祀大典。有的大臣担心因边警而取消郊祀，从而失去皇帝对他们的大量赏赐，甚至不惜封锁边报瞒着朝廷。昏庸怯懦的徽宗，怕惹是生非得罪金人，还特意传旨："敢妄言边事者，流三千里，罚钱三千贯！"马扩出使金国回来，向总管河北、河东两路边防军事的童贯报告了金军活动的紧急军情，童贯不信，说："他国内人心未附，岂敢如此？"真是边境日日告急，朝廷却晏然无事。

就在这时，忧国为怀的岳飞告别老母妻儿，第二次从军了。他的部队是归属于河东路的平定军（山西阳泉南）。

历史上任何掠夺战争的发动者，都有冠冕堂皇的"兴师问罪"的借口。金统治者在进攻前就责问宋朝使者说：为什么谭稹胆敢违约，不献二十万石粮食？其实宋金条约上根本没有纳粮食的条款，因此宋使者据理拒绝了这个无理的要求。可是，宋徽宗及一班执政大臣得知后，就赶紧罢了谭稹的官，并向金"谢罪"。金统治者又责问宋朝说：为什么你们胆敢收留大金南京（平州改名）叛将张觉？快把张觉的头割来献上！原来金南京留守张觉降宋后，逃到燕京，躲在郭药师的常胜军中。经金人一吓，宋廷连忙杀了一个貌似张觉的人，把他的首级献给金人。金人传话说：“非觉也。”于是宋廷只好乖乖地缢杀了张觉，把张觉的头连同他两个儿子，驰送到金国去。降宋的辽、金将士看到了张觉的下场，寒心了，郭药师流泪说：“金人要张觉的头，朝廷就给。如果要我药师的头，也给他们吧？”常胜军因此解体。郭药师后来竟叛宋投金，为虎作伥，成了金军南侵的开路先锋。宋廷屈膝的另一个结果是，更加助长了金人的侵略气焰。后来宋金开战，金使者在向宋朝递送宣战书时，就狂妄地说：“国家若以贵朝可惮，则不长驱矣！”［毕沅《续资治通鉴》（以下简称《续通鉴》）卷九十五，宣和七年十二月己未条］

宣和七年（1125）十月，金以宋招纳叛将为借口，从东、西两路南侵了。东路军由都统帅斡离不统领，自平州（河北卢龙）出发，越过燕山，直攻汴京；西路军由副统帅粘罕率领，从云中（山西大同）出发，进攻太原。

东路在熟悉宋朝情况的郭药师引导下，一口气打到了黄河边。这时，北宋朝廷惊惶失措，才感到形势万分危急，徽宗吓得连皇帝也不敢做了，匆匆下了一道“罪己诏”之后，就禅位给儿子赵桓（即钦宗），自己则带领着宰相蔡京等一班宠臣，往南逃跑了。当金军抵达黄河北岸时，南岸的宋朝守将早已率部逃之夭夭，宋军不留一卒一骑。金军竟可以花五天的时间，从容不迫地渡送全部骑兵过河。斡离不感叹地说：“南朝如果用二千人守河，我岂能渡过黄河啊！”

郭药师曾经在东京城外西南角的牟驼岗踢过球，知道牟驼岗是宋朝的御马场，那里粮草堆积如山。在他带领下，金军迅速地占领了牟驼岗，掳掠得良马二万匹。他们坐吃宋朝的粮草，围攻宋朝的都城。

当局势已发展到兵临城下，北宋朝廷仍不愿抗金，徽宗逃跑时，就曾派李邺立即赴斡离不军营求和。李邺回朝汇报情况时，胡诌什么金军“人如虎，马如龙，上山如猿，下水如獭，其势如泰山，中国如累卵”（《大金国志》卷四《太祖纪》）。钦宗和宰相李邦彦等人听了李邺一番“贼强我弱”的亡国论调，更加恐惧，他们主张逃跑，只有东京留守李纲力主抗战。但钦宗仍旧坚持要往陕西逃。经李纲再三苦谏，钦宗才勉强答应留下来，可是到深夜他又传旨准备起驾。李纲得知后，急忙赶至宫中，陈述利害，他说：“禁军的家眷都在京城，他们会毫无顾虑地跟着皇上出巡（逃跑）吗？万一中途逃散，皇上孤单一人，谁来侍卫？而且金骑就在跟前，他们知道皇帝的车驾不会走出很远，策健马飞快追来，那时皇上靠谁护卫呢？”李纲这番劝告，总算使钦宗头脑清醒了一点，他决定留宫不走了，并任命李纲为亲征行营使，保卫东京。在李纲亲自督战下，东京军民英勇杀敌，他们用神臂弓、火枪，甚至用石块一次一次地击退了金军的进攻。李纲还募壮士缒城而下，斩金酋长十余人、士卒数千人。金军知道城中防守坚固，只得派来使者迫逼宋朝讲和。

这时宋朝大臣李邦彦、张邦昌等人，也一再促请钦宗与金议和。于是钦宗派和谈使者至金营谈判和议条件。金军统帅斡离不提出了：犒劳费金五百万两，银五千万两，绢、帛各一百万匹，马驼之属各以万计；割河间（河北河间）、中山（河北定县）、太原三镇；尊金主为伯父，以亲王、宰相当人质等极为苛刻的条件。李纲力谏不能答应这些条件，指出：金人勒索的金银数目，把全国的金银都搜集起来也凑不够，何况一个京城呢？三镇，是国家的屏蔽，如果割了，怎能卫国？至于派遣人质，宰相应当去，亲王就不应当去。李纲建议：不如派遣辩士与金国周旋几天，等待四方勤王大军云集都门，那时金军即使达不到勒索的目的，因处于孤军地位，也不得不撤退，再与他们和谈，他们就不敢看轻朝廷了，这样的和议才会长久。可是，李邦彦等人力主速和，竟说：“京城早晚都不保了，还谈什么三镇？至于金币，更不足计较了。”钦宗当时虽默默无言，但李纲一退出宫殿，他就全盘接受了金国的要求，写好誓书，立即派人送往金营。第二天，派康王赵构、宰相张邦昌赴金营去当人质，还送去搜刮到的金二十万两，银四百万两。

和谈的誓书、人质虽然已送到金营，宋朝也每天送去金币，但金人仍不满足，每天在城外烧杀掠夺。不久，四方的勤王军也陆续赶到了，驻扎在城外，总计达二十万以上。当时宋朝政府如果能有抗战的打算，实行统一指挥，协调各股力量，是足以击败为数仅六万而且孤军深入的金军的。

但仅因勤王师将领姚平仲夜袭金营失利，金使又来问罪，吓得钦宗立即撤了亲征行营使李纲的职，当然，更不敢作抗金的军事部署了。这可激怒了京城的军民。爱国的太学生陈东率领千余人向朝廷上书，要求恢复李纲和种师道的职务（事实上，种师道未被罢官），罢去李邦彦的宰相职务。这个要求立即得到全城军民的响应，不约而来者竟达数万人。他们击破宫中登闻鼓，呼声震天动地。由于要求得不到朝廷的答复，愤怒的军民杀伤了内侍数十人。宰相李邦彦匆忙逃走。开封府尹王时雍赶来，竟恐吓说："你们胁制天子该当何罪？火速退出宫廷！"军民回答得理直气壮："以忠义胁天子，不比奸佞胁天子好吗？"王时雍见众怒难犯，只好溜走。在众人的压力下，钦宗不得不重新起用李纲。军民又要求见种师道，种师道乘车来见，请愿军民才欢呼散去。

金军围城三十三天，不能攻下东京。斡离不看到宋军民保卫京师斗志高昂，勤王军兵马众多，担心自己孤军深入，有被切断退路的危险，在得到割让三镇诏书及肃王赵枢（康王至金营十日后，宋廷应金方要求更换了肃王去调换）为质后，不等全部要求满足，便于靖康元年二月撤退了。

金军攻太原的一路，遇到太原军民英勇抵抗，未能靠近城池，更不能南下了。

岳飞坚决地站在抗战派一边，和百姓同命运共呼吸。在保卫太原的前线，揭开了他抗金斗争史的第一页。

5

岳飞二次从军　抗金前线立功

东路金军北撤后，去支援西路金军，从南面围攻太原。被围五个多月的太原，形势顿时紧张起来。这时，在主战派舆论压力下，钦宗罢黜了李邦彦等人，还下了“太原、中山、河间三镇，保塞陵寝所在，誓当固守”的诏谕，派陕西老将种师中，由真定府井陉出兵到平定军，和刚收复威胜军（山西沁县）的老将姚古形成犄角之势，希图解太原之围。靖康元年（1126）夏天，宋金双方展开了一场激战。

岳飞随平定军的一支队伍，投入了战斗。平定军长官拨给岳飞一百多名骑兵，任务是当硬探（即侦察兵），要求赶在进攻前，摸清位于太原东、东南的寿阳和榆次两县的敌情。

岳飞带着这一支轻骑兵出发了，在途中常常和敌人发生遭遇战。一次，在驰往榆次方向的途中，突然遇到了金军大股骑兵，可是岳飞毫不畏惧，他大吼一声，单枪匹马地直向金军冲去，侦察骑兵们紧跟着也冲了过去。他们勇猛砍杀，敌阵大乱，遂冲出了包围圈。金军人数虽多，但竟不敢往前追赶。晚上，岳飞和士兵们化装成金兵，混进金军营垒侦察。遇上金军巡夜人员的盘问，岳飞总是不慌不忙，用女真话巧妙地加以应付，未露出一丝破绽。赶在拂晓之前，已把那里驻扎的敌军实力、部署摸清楚了，才退回来（《金佗稡编》卷四《行实编年》卷之一）。就这样，他出色地完成了“硬探”任务，向指挥部提供了重要的情报：第一，在太原外围，金军重兵把守的方向不在东面、东南面，而在南面的潞州和西南的汾州；第二，粘罕、斡离不和挞懒诸帅，不在军中，到阴山后避暑议事去了。

宋军遂发起对寿阳、榆次的攻击。金军惊慌失措，以为天兵天将“自天而下”。宋军接连克复寿阳、榆次。

在这次战役中，岳飞因功被授予“进义副尉”（不入品的小武臣）。

当时，宋军如果能乘敌不意，攻其不备，迅猛地向太原逼近，引诱汾、潞金军去救援太原外围的金军，从而使被卡在汾州、潞州的宋军配合太原东边的种师中部队，对围攻太原的金军采取钳形的反包围，这样，与守城的王禀军遥相呼应，内外夹攻，太原之围是能够解除的。但由于宋军前线实际上无最高的指挥官，兵权分散，而姚古部队又失期不至，结果使种师中孤军奔驰，遭到金军万户室娄的反击。双方激战，互有胜负。此时，师中粮尽援绝，在回趋榆次补给粮料时，于杀熊岭被金军击溃。种师中率领亲兵数百，殊死力战，身受四处创伤，为国捐躯。师中一死，宋军丧气，姚古部队也被金军击溃，退保隆德。

这一次解救太原之围失败了以后，宋军又去解围，都因宣抚司（前线最高指挥官）徒有节制之名，而无实权，前线的将领直接遥受朝廷指挥，不遵宣抚司的命令而告大败。身为底层小武官的岳飞，为第一次解太原之围提供了重要情报，但没有起到应有的作用。当部队溃散时，他于夜间渡河，不慎丢失了“告身”（委任状一类的证明文书）。不得已，他又返回了远在千里之外的故乡——相州。

这时，金兵远撤，东京已经解围，北宋的君主和宰相，以为从此平安无事了。太上皇徽宗也从南边回来了。于是他们故态复萌，“上下恬然，置边事于不问”，依旧尽情享乐，不问边事了。主和派又占了上风，他们屡屡攻击李纲“专主战议，丧师费财”，最后，甚至把李纲排挤出朝。可是秋风一起，避暑阴山下、长城边的金军兵马又开动了。

仍由斡离不率领东路军，于这一年（靖康元年，1126年）八月，从保州（河北清苑）出兵，直趋汴京。由粘罕率领的西路军，于这年九月初攻占太原（太原军民坚守了八九个月，早已断粮，金军攻陷时全城军民壮烈牺牲），于是经隆德（山西长治）、西京（洛阳）、郑州南下，与东路军会合于东京城下。东京被围四十一天后，被金军攻破。靖康二年（1127）二月，金王朝下令废徽、钦二帝。三月，扶植张邦昌为傀儡皇帝，建立了“大楚”伪政权，北宋王朝至此灭亡。四月，金军北撤，凡都城子女、玉帛，宫中金银库藏、车辆、服饰、历代所传宝器，府州地图、图书、浑天仪以及百工技艺，全部带走；然后押着徽钦二帝、后妃、嫔御、亲王、宗室、文武大臣共三千余人（秦桧当时也在其内）北上，掠夺黄金三十五万八千两、银子七百十四万两、帛一百零四万匹，京都被洗劫一空，沿途又大肆掳掠汉人，“华人男女，驱而北者，无虑十余万”（李纲《建炎进退志》卷一）。这就是历史上所谓的“靖康之祸”。

金国所发动的对宋战争，是一场掠夺性的民族压迫战争。金军所到之处，“杀戮生灵，劫掠财物，驱掳妇女，焚毁仓屋产业”。他们还强迫汉人剃发易服，改变民族生活习惯，违者格杀勿论。他们大量掳掠汉人充当奴隶，分配、贩卖，甚至任意杀害。在云中，粘罕一次下令活埋三千人。黄河两岸城乡，因金军屡犯，掠劫、破坏更为严重。

深重的民族压迫，引起汉族人民的激烈反抗。当时，一些原先反抗赵宋王朝封建统治的农民武装力量，如著名的五马山寨、红巾军、梁山泊水军等，在民族存亡的严重时刻，改变了矛头所向，主动袭击、拦阻金军。他们有的打起赵宋的旗帜，改用赵宋年号；有的则直接参加宋军，在抗金将领率领下，积极地投入了保卫国家、保卫民族生存的伟大斗争。

就在北宋王朝灭亡之前的几个月，岳飞又毅然投奔相州大元帅府招募的勤王之师。这是他第三次从军。

大元帅府的大元帅就是康王赵构。还在金军攻破东京之前，钦宗命康王赵构出使，前往斡离不军营割地议和。当赵构一行到达长垣（河南长垣）时，“百姓喧呼遮道”，要求赵构起兵抗敌。赵构来到宗泽任知州的磁州（河北磁县）时，老百姓拦住他的马头，苦苦劝他，不要到金国去，并且告诉他金军已从李固渡过河了，他应该起兵进援京师才对。宗泽也劝他不要听信金人的谎言，说：“当人质的肃王一去不返，这是前车之鉴；再说金兵已迫近了，你去谈和还有什么作用。”宗泽还表示他可以召集起一万五千兵马来保证赵构的安全。在金营当过十天人质、早已吓破胆的赵构，把宗泽的忠言看作是“妄言”。这时磁州军民发现副使王云在要挟康王入金，便立即把王云杀了。赵构迫不得已，这才返回相州。这时，受钦宗之命，陪同金使前去河北割地的聂昌，行至绛州（山西新绛），被当地人民挖掉眼睛，剐成肉块；陪同金使到河东割地的耿南仲行至卫州（河南卫辉），卫州人不准他们进城，义勇民兵还赶来追捕金使，吓得耿南仲仓皇逃往相州，投奔赵构。他不敢再提割地的事了，却对赵构编了一套谎话，说自己面受钦宗圣旨，要康王召集河北诸路兵马去保卫都城。赵构遂在相州张贴布告，招募勤王之师。其实，阴历闰十一月下旬，汴京被围十分危急时，钦宗才派“敢战士”秦仔密持蜡书诏命，在夜间缒城而出，到相州，封赵构为河北兵马大元帅，陈遘为元帅，宗泽、汪伯彦为副元帅，并命令康王迅速带兵入援京师。十二月，赵构正式开大元帅府，当时有军队万人，多数是刘浩在相州招募的人员。岳飞所投的正是刘浩的军队。

岳飞预感到战争风云险恶，征途遥遥莫测，非一年半载不能重归故里，不免恋念故土，难舍慈母。但岳母深明大义，勉励儿子“从戎报国”。岳飞含泪记取母亲的教诲，毅然返回部队。从此，他南征北战，一直驰骋在抗金的战场上，再没有机会回到家乡。

岳飞归队后，上司派他率领一百名骑兵，前去招安游寇吉倩的部众。薄暮时分，岳飞先安顿好部队，然后他只带四名骑兵，紧贴马背，冲进了吉倩营寨。当吉倩部众还在惊魂未定时，岳飞已于马上大声喊话：“金人侵我大宋，你们不爱国举义以立功名，反以抢劫苟活，不成道理。今我以大元帅之命，招纳你们，快跟我们一道去打金人，一可解国家之难，救百姓于水火，二可转祸为福，这才是正路！”岳飞这番劝说，感动了吉倩。他接受了招安，并马上摆酒席招待岳飞一行。岳飞来时五人闯营，回去时带回三百八十名战士，壮大了抗金的队伍。和第一次从军立功补了个承信郎一样，这回也因功补他为承信郎（从九品）。

6

康王阴怀异志观望　宗岳奋战黄河两岸

在进援东京的行军路线问题上，大元帅府的大官们发生了激烈的争论。有人主张自浚州渡河，向东京靠拢，这本来是条捷径，但汪伯彦、耿南仲等人却主张移军东平，这实质上是为了避开敌锋（熊克《中兴小纪》卷一）。康王赵构采纳了汪、耿二人的意见，于是下令部队向东平开拔。当大元帅府进驻大名时，已在李固渡打了胜仗的宗泽，随后赶到；接着，梁扬祖从信德府率领勤王大军也赶到了。这时，大元帅府接到了钦宗的御笔蜡书，大意是：金人愿议和，大元帅康王带领的天下兵马，可屯兵近甸，毋得轻动。汪伯彦一伙以为议和可信，更坚定屯兵东平的主张了。只有宗泽坚请经澶渊（河南濮阳）向东京火速进兵，并指出：议和是敌人的骗局，借此以阻滞各路勤王兵马的到来，如果受骗上当，后悔莫及！

最后，由赵构裁决，他命令宗泽带领一万士卒南下至澶渊，前军统制刘浩所部拨归宗泽；大元帅府按原定路线往东行进。从此，宗泽不再参与大元帅府计议军事，被投降派排挤出去了。

赵构、汪伯彦率领的一路兵马，由大名继续开向东平，到济州（山东巨野）就驻扎不进了。他们畏敌如虎，远远避开金军，直到北宋王朝垮台，也未进援汴京。

而宗泽、刘浩一路，自大名至开德府（河南濮阳），经南华（山东东明），步步进逼汴京。这条进军路线，正好穿插在金军森严壁垒、层层布防的战略地带。此时，岳飞跟随着这支部队英勇杀敌，屡立战功。

当部队进至滑州（河南滑县一带），金军尽力拦截。两军隔着黄河对垒相持。冰冻的黄河，不利骑兵作战。为了冲过黄河，宋军开展了冰上习骑。一天，岳飞带领百余骑兵，正在黄河冰面上跃马射箭。突然，大批敌骑从对岸冲来，数不清敌骑到底有多少。在这敌众我寡的危急时刻，岳飞当机立断，斩钉截铁地对士兵说："敌人虽然众多，但不知我们虚实，趁他们立脚未定，我们迅速进击，可以获得胜利！"说罢，岳飞策马举刀，带着部众冲向敌阵，金军的一员猛将，一边呼叫着，一边挥舞着大刀，前来迎战。当岳飞和他厮杀时，竟将刀刃砍进金将的大刀达一寸多深，又猛地拔出刀来再击，杀死了敌将。后面跟上来的岳飞部众便乘胜冲杀，敌军大败而逃。岳飞以功补秉义郎（从八品）。

靖康二年（1127）正月，宗泽军转战至开德府。这时金人对赵构打出大元帅府的旗帜，另建一个军政指挥中心十分重视，他们正在寻踪追击赵构。为了迷惑敌人，掩护赵构，宗泽“扬声大元帅在军中”，故意把金军吸引到自己这一边来，金军信以为真，调集大量兵力至开德，于是宋金两军展开了一场大战。宗泽率部连续打了十三次胜仗，冲破了敌人的又一道防线。

有一次战斗，两军刚开始交兵，岳飞瞥见前方有两个敌旗手在阵前摇旗呐喊，气焰嚣张。他立即连发两箭，两个敌旗手应弦而倒，敌阵顿时混乱了。岳飞乘机率领部下猛冲过去，杀伤了大量敌人，缴获了大量甲马弓刀。

开德大捷，对河北抗金军民是极大的鼓舞。宗泽的抗金信心更强了。他上书给大元帅赵构，建议赵构檄召诸路兵马火速勤王，会合京师。可是，此时赵构已阴怀称帝的打算，汪伯彦、耿南仲等人更想建立拥戴之功，哪里还管什么民族存亡、国家安危。与其说他们想解救京城之围，倒不如说他们在冷眼旁观，盼望围城愈急愈好。因此赵构对宗泽的建议搁置一边，不理不睬。宗泽又发信给河北总管赵野、两河宣抚范讷、兴仁府知府曾楙，请他们率部入援京师，但这三人竟认为宗泽疯狂。（《宋史·宗泽传》）宗泽只好孤军驰援了。

二月二十日，宗泽全军驻屯南华，准备沿黄河南岸，从东京的东北方向金军进逼。金军采用了前后夹击的战术，分兵一路，进攻开德、濮州（山东鄄城北），企图从背后袭击宗泽。宗泽立即调兵遣将，分军北上还击。岳飞就在北上的这支军中。在曹州（山东菏泽）他们遇上了金军。金军来势汹汹，岳飞决心拼死一战。他卸掉头盔，挥动铁锏，冒着密集的飞矢，杀向前去。在岳飞的鼓舞下，士卒无不以一当百，勇往直前。经过一场激战，又大破金军，乘胜追击数十里才回来。

宗泽的大军，是一支作战勇敢的劲旅，但终因孤军力单，无法解开东京之围，未能挽救北宋王朝的覆亡。

岳飞在宗泽麾下四个多月，冲锋陷阵，立下了不少战功，取得了对金兵作战的丰富经验，为他在未来更广阔的战场上指挥千军万马，奠定了坚实的基础。

7 力主战上书皇帝　遭罢官解甲归田

金军攻陷东京不久，便立了一个傀儡政权，扶植北宋的大臣张邦昌做皇帝，国号叫“大楚”。金国企图通过它，控制、奴化北宋统治区。这时北宋虽然灭亡了，但除了河东路失太原等七个州郡，河北路失真定等四个州郡以外，其余二十余州郡仍为爱国军民所坚守。即使在金占领区，人民“各据山寨，屯聚自保”，抗金烈火，仍熊熊燃烧。

伪楚政权一出世，就成为众矢之的，甚至伪楚政权内部一些大臣，也持反对的态度。人们日夜盼望着建立起一个抗金的新朝廷。谁来当皇帝更有号召力呢？“但知有赵氏，不知有金人”（李纲《建炎时政记》卷上）。在那个时代，绝大多数人的头脑，不可能不受正统观念的支配，在金统治者非要消灭赵宋政权不可的民族压迫之下，人们尤其感到拥立赵氏与保卫国家是不可分开的。可是，金军几乎把留在东京的宋太宗一脉的宗室成员全部掳去，幸存的只有徽宗第九个儿子，即被封为康王的赵构了。于是他成了人们所关注的中心人物。在内外强大的压力下，张邦昌不得不退位，派人到济州，给赵构送去刻有“大宋受命之宝”文字的传国玉玺和以哲宗废后孟氏的名义写的劝进诏书，称帝二十三天的伪政权，在一片唾骂声中垮台了。

建炎元年（1127）五月一日，赵构在南京应天府（河南商丘）称帝，是年改元为建炎，南宋政权正式建立。赵构成为南宋王朝（1127—1279）的第一代皇帝，历史上称他为“宋高宗”。

当大元帅府由济州移往南京（河南商丘）时，宗泽部伍奉命前往会合。岳飞跟随刘浩骑兵部队也到了南京。

面临新的政治局面，国家有救的光明前途，岳飞兴奋地说：“陛下已登大宝，黎元有归，社稷有主，已足以伐敌人之谋……中原之地指期可复。”他对这位二十一岁的年轻帝王，寄予很大的希望！

但高宗坐上皇帝宝座后，他首先任命黄潜善为中书侍郎，汪伯彦同知枢密院事。黄、汪是朝野都知道的投降派。对抗金有功、金人害怕的宗泽，却任命他为襄阳（湖北襄樊）知府，不让他执掌朝政。

稍可安慰人心的是，在三天以后高宗下诏起用被投降派排斥在外的李纲为左相。投降派一听到这一任命，立即对李纲发动了一场攻击，有的说李纲“为金人所恶，不当为相”，有的说李纲“有震主之威”。李纲奉诏前来南京后，他对高宗说：“如臣愚蠢，但知有赵氏，不知有金人，宜为所恶。然谓臣材不足以任宰相则可，谓为金人所恶，不当相，则不可。”高宗也只好抚慰一番，并且把弹劾李纲的一些人贬官。但高宗把巩固皇位的依靠力量放在投降派身上，因此，当七月间在提升李纲为左相时，马上把黄潜善提为右相（李埴《皇宋十朝纲要》卷二十一，建炎元年七月壬寅条）。就这样，南宋小朝廷一建立，在高宗亲自扶植下就形成了一股以黄、汪为首的投降势力。

李纲一上任，就提出了议战和、议僭逆（指张邦昌）、议伪命（指伪官）、议巡幸（选定指挥抗金的“司令部”所在地）等关系国家大计的“十议”。于是，抗战派和投降派围绕着两个问题，展开了激烈的斗争。

第一，是通过抗金斗争收复故疆、迎还“二圣”（指徽、钦二帝）呢，还是靠割地乞和不使二帝“取祸”？

“迎二圣”，在南宋初，是一个响亮口号，即使投降派也不能把它丢掉。但他们言不由衷，比如高宗赵构，他的内心深处，就怕“二圣”归来，自己做不成皇帝。抗战派主张以抗战的胜利逼使金国送还“二圣”，收复故土，雪洗国耻；投降派反对抗战，反对招兵买马，扬言抗金会使“二圣”加速“取祸”，他们主张派遣使者至金谈判，以“迎二圣”。斗争结果，高宗采纳了投降派的意见，他们不断派使者赴金进行讨价还价的割地乞和活动，高宗甚至不惜把黄河以北领土，拱手让给金国，以达到屈辱求存的目的。

第二，关于京师定在何处的斗争。

李纲主张皇帝应当去一趟京师汴京，根据情况再决定迁都。他说："以天下形势而观，长安为上，襄阳次之，建康又次之。"宗泽则主张皇帝应该赶快回到汴京，以安定人心。但黄、汪投降派不但坚决反对朝廷搬回汴京，还反对迁都长安、襄阳，他们主张向东南方后退，以为离金人越远越安全。他们的主张是符合高宗心意的。因此在七月，高宗下手诏说："京师未可往，当巡幸东南，为避敌之计。"

当时敌人正准备着新的军事行动。中原沦陷区的百姓，日夜焚香祈祷宋军早早到来。可是，正当举国上下期待着新朝廷能有一番作为的时候，皇帝不仅没有亲率六军渡河北上，相反，要往南避敌！是可忍，孰不可忍！于是，岳飞写了一封洋洋数千言的奏章，这就是岳飞的《南京上皇帝书略》，现摘引几段如下：

> 而李纲、黄潜善、汪伯彦辈不能承陛下之意，恢复故疆，迎还二圣，奉车驾日益南。又令长安、维扬、襄阳准备巡幸。有苟安之渐，无远大之略，恐不足以系中原之望。虽使将帅之臣戮力于外，终亡成功。
>
> 为今之计，莫若请车驾还京，罢三州巡幸之诏。乘二圣蒙尘未久，敌穴未固之际，亲帅六军，迤逦北渡，则天威所临，将帅一心，

士卒作气，中原之地指期可复。（《宋岳鄂王文集》卷一）

京师南迁，出谋划策的是黄、汪之辈。李纲虽然提出“长安为上、襄阳次之、建康又次之”的建都设想，但就李纲本意说，他是反对南迁的。由于当时岳飞地位很低，他不可能知道李纲在朝廷中斗争的全部过程，错责了李纲。其实，在和战问题、迁都问题上，李纲、宗泽等抗战派大臣意见和他倒是基本一致的。这封奏章一上，黄、汪被刺痛了，于是岳飞受到了“小臣越职，非所宜言，夺官归田里”的处分。这个打击是沉重的。然而，权奸的迫害只能削掉他的官职，决不能使他弯腰屈膝，只要国家仍然处在危急之中，他“从戎报国”的信念决不改变。这年的七月底，他离开了弥漫着和谈空气的南京，渡河北上，昂然走向抗金前线。

8 见张所大展雄略　被破格升为将校

岳飞一渡过咆哮的黄河，看到的便是杂草芜蔓的田野，被金军焚掠一空的村庄。他满怀悲愤，热血沸腾。在路上，他看到了设在大名府的河北招抚司所张贴的招募抗金健儿的榜文，顾不得顺路回家，看一看老母妻小，就毅然奔向大名府，再去从军。原来，李纲任相后，就建议高宗在河北设招抚司，由张所任招抚使；在河东设经制司，由傅亮任经制副使。以团结两河的抗金力量，捍卫河东、河北的国土，使朝廷无北顾之忧。这是李纲和投降派斗争的产物。张所原任监察御史，因向高宗上疏反对京师南迁，指斥"黄潜善奸邪不可用"（《宋史·张所传》），被贬职江州（江西九江）。李纲推荐张所任河北招抚使时，估计黄潜善要反对，他从大局出发，事先找了黄潜善交谈。黄潜善当面同意，背后捣鬼。当张所在江州刚接到诏书，尚未动身赴任时，黄潜善的党徒已从河北送上奏章，说什么从设置招抚司以来，河北盗贼愈来愈多，愈来愈凶了，不如撤销它。

这类谎言当然是不攻自破的。

岳飞来到招抚司衙门，接待他的是干办公事官赵九龄。钦宗在位期间，赵九龄任御营机宜官，那时因军务关系，已赏识岳飞了。赵九龄了解岳飞的经历和作战的勇敢，马上以“天下奇才”引荐给张所。

张所是爱惜人才、善于使用人才的官员，现在经赵九龄的推荐，知道岳飞新近触犯朝廷，已被削职为民，但他却以“国士”的礼节接待了岳飞。只是岳飞的才干究竟如何呢？他要亲自一试。张所问岳飞：“听说你打仗非常勇敢，在三军中首屈一指。那么，你估量估量自己，一人能抵挡多少敌兵？”岳飞从容地回答说：“打仗光凭勇敢是不可靠的，指挥打仗首先要有好的谋略决策。谋，是胜负的关键。因此，将领指挥打仗，不怕他不勇敢，最怕他无谋。如今指挥打仗的人，都爱夸口自己勇力无比。但是，临阵之前，既无计谋决策在胸，开战以后，又不知该往哪儿使功夫，这样的作战，自然不能取胜。所以，兵法书上就说：‘最好的作战方法，是以智谋取胜，其次是在外交上战胜敌人。’晋国的栾枝，用兵车拖树枝扬起尘土伪装逃跑的计策，迷惑楚军，打败了楚国。楚国的莫敖屈瑕，用了采樵的计策，打败了绞国。就是运用了‘上兵伐谋’的兵法取胜的。”

张所一听，肃然起敬，简直不相信岳飞至今还不是一员将领。接着，张所又请岳飞谈谈军事形势。岳飞对形势分析十分精辟，对燕云利害了如指掌，他说：“如把京师比作人的心脏，那么河北等地就成了四肢，提兵压境，尽取河北之地是为了屏藩京师。如果放弃河北，那么就像四肢断了，人的性命也危险了。”在这次谈话中，岳飞还表示了誓死报国、抗金到底的决心。

听了这一席雄才大略的谈话，张所感到岳飞的确是一个奇才。于是，立即把岳飞从“白身”破格提拔为准备将，充中军统领，拨归都统制王彦部下当偏裨将。

岳飞三次从军，三次都遇到挫折，由于他坚强的保卫祖国的意志，使他毅然地第四次投军，才碰上了爱才的张所。在那昏君当朝、权臣执政，壮士难酬其志、良骥伏枥长啸的时候，他遇见了“伯乐”，这是他的幸运，也是时代的幸运，在岳飞的一生和南宋抗金史中具有重要的意义。

由于张所坚持抗金，他的言行就难免遭到投降派的弹劾。当李纲在黄、汪排挤下罢相之后，张所也被加上罪名，拟将他流放到岭南。然而，岳飞一直没有忘记这个忠直有识见的抗战将领。人民也没有忘记张所，因为他忠于抗金事业，培植了岳飞这样的将才。

9

随王彦西渡黄河　求速战北上太行

当时，南京朝廷中实际上是黄潜善、汪伯彦之流掌权，他们反对抗金，阻挠张所、傅亮的抗金活动，还罢了傅亮的官，又唆使张浚等人弹劾李纲。这是因为李纲为激励爱国士气，惩办了叛臣张邦昌等人，还斩决了伪官宋齐愈。李纲万分气愤，只好辞职。高宗立即下诏同意李纲罢相，随后又把李纲放逐外地。为了向金人乞和，他又下诏废除李纲所经营的一切抗金措施，甚至把上书要求留任李纲，痛斥黄、汪误国的太学生陈东、进士欧阳澈绑赴刑场斩首。而这一切无一不是为了配合通问使傅雱赴金营议和的活动。

然而，北方的人民，他们不甘忍受金军残暴的压迫，掀起了声势浩大的抗金斗争。如河北，有五马山寨义军、范仔领导的起义师等；在河东（太行山之西）有红巾军。有一次，红巾军在泽、潞之间（山西晋城、长治一带）袭击金军，差一点活捉金西路军左副元帅粘罕，引起金人的恐慌。金军搜捕不到红巾军，只好大批屠杀平民以泄愤。

但这只能激起人民更大的反抗，投奔红巾军的人越来越多，金军在这一带站不住脚了，只好“迁以北去”。

九月初，传来了“金人侵河阳、汜水”的谍报，吓得高宗连忙下诏，准备逃到淮甸（淮河以南地区）去。

这时，张所却不顾朝廷中有人对他进行攻击，仍积极准备西渡黄河。可是在九月十五日，张所终于接到贬职岭南安置的诏令，他只好怏怏离去，后不幸死于赴贬所的路上。但张所部下都统制王彦仍按张所的作战计划，在九月二十一日率领岳飞、张翼、白安民等十一名裨将及士卒共七千人，西渡黄河抗金去了。

都统制王彦，在南宋抗金史上是一位有名望的人物，他带领的“八字军”威震燕、代，屡立战功。

王彦，河南怀州（河南沁阳）人，出身名门大族之家，性格豪放不羁，爱读《六韬》一类兵法书，善骑射。父亲发觉儿子有才能，就送他到京师弓马子弟所训练学习。经徽宗亲自面试武艺，授职清河尉。他曾跟老将种师道一起与西夏作过战，有战功。金军攻下京师后，他输家财投军。张所很赏识他，破格提拔他为都统制。

王彦军渡过黄河的第一天，就收复了卫州新乡县（河南新乡）。在这次战斗中，岳飞奋勇抢下金军的军旗，先声夺人，压住了敌兵的气焰，于是宋军一鼓作气，打垮了敌人，活捉了千户阿里索，又击垮了万户王索的反扑。

王彦得新乡后，向附近州郡发布讨金檄文。金人以为南宋大军打过来了，连忙调集数万人马围攻王彦营垒。王彦部队人少武器差，不得不突围出去。金军出动全部精骑追击，才把王彦部队打散了。当时，王彦身边只有数十人，且战且走，转战数十里后，奔至共城（河南辉县）西部的山区，扎营防守。散亡的士卒也陆陆续续归来，聚集起七百余人。岳飞所部也到了共城。由于部队损失十分严重，王彦决定退守一段时间，待联络各地义军，充实壮大队伍后，再与金军作战。这个方针本来是正确的，可是出于雪耻报国的火热忠心，岳飞不同意这个方针，他主张速战速决。王彦没有采纳。性子刚烈的岳飞竟不顾军纪，带领自己部属，离开王彦，擅自行动了。一天，在共城西北六十里地方的侯兆川，岳飞这支人马遇上了大队金军。敌我兵力悬殊，岳飞勉励士卒说：“吾属虽寡，当为必胜计。不用命者斩！”（《金佗稡编》卷四《行实编年》卷之一）

这是一场恶仗。岳飞士卒伤亡很大。他自身受伤也有十多处，经过拼死冲杀，他们终于打败了金军。晚上夜宿石门山下，敌骑企图袭击营寨，但岳飞早有充分准备，他十分镇静地指挥部队，使金军无隙可乘，只好退走。

离开了大兵营，给养得不到补充。时间一长，岳飞军中粮食吃光了，把战马杀了当粮食吃。但这总不是长久之计。为此岳飞亲赴总部向王彦去请粮。此时王彦已度过了最困难的时期。当初，金军以高价赏购王彦的头，王彦为防万一，经常变换睡觉的地方。部下士卒为了让王彦放心，并表示与他共同抗金到底的决心，相约在脸上刺着“赤心报国，誓杀金贼”八个字。王彦深受感动，安抚士卒，与士卒同甘苦。同时，又派人联络两河义军民兵，很快得到两河地区人民的响应，忠义民兵首领傅选、孟德、刘泽、焦文通等皆带领兵马，归附王彦“八字军”。王彦的兵力扩大到十多万人，营寨绵延数百里，战斗力很强，金人十分害怕，称“王都统寨坚如铁石”。实践证明王彦的方针是正确的。岳飞虽倔强任性，但面对事实，他是服从真理的。岳飞重回王彦总部的行动，不仅仅为了请粮，也有向王彦请罪的意思。王彦置酒接待了岳飞，在酒席上，有一名姓刘的幕僚，在手掌上画了一个“斩”字，数次示意王彦，杀掉岳飞。王彦没有理睬，但他也未供粮给岳飞。岳飞空手回到本部，又率领队伍往北行进，越打越远。这时粘罕所带的一路金军兵马，已从云中下来，到了太行山，遇到岳飞军数次阻击。在一次作战中，岳飞匹马先入敌阵，刺杀了金将黑峰大王，迫使金人暂时退却。

10 遇宗泽刑场获救　立新功岳飞论兵

建炎二年（1128）春天，东京留守宗泽运用朝廷授予他的“得以便宜从事”的特权，任命王彦为忠州防御使、河北制置使，即总管两河的军事，去攻打太原，以便打乱正在南下的金军行动部署。王彦调兵遣将时，想到了岳飞。他命令岳飞率部去把守荥河。先前，岳飞擅自率部离开主帅，按当时的军法，罪当杀头。但岳飞能单骑请罪，王彦认为能“束身自归，胆气足尚”，又深感岳飞是个难得的人才，因此，当姓刘的幕僚示意他斩杀岳飞时，他没有同意。他还深悔没有供粮给岳飞，自己能团聚十万之众，为什么不能团结岳飞一旅孤军？他这次派遣岳飞，就是团结岳飞的实际行动。

可惜，岳飞接到王彦命令后，仍然顾虑重重，意气用事，终于又违反了王彦的命令，径自带领部伍南渡黄河，投奔东京留守宗泽去了。岳飞又一次违反了军纪。

宗泽任大元帅府副元帅期间，岳飞曾在宗泽军的刘浩部下当过一名小官。他钦佩宗泽的赤胆忠心，英勇作战，严于治军，但此时自己违反军纪，又害怕宗泽严惩。

岳飞率领队伍渡过了黄河，他看到黄河南岸的土地上密布着连珠寨，都有官军严密地把守着；还有一条条错综排列的深广各丈余的壕沟，那是用来阻拦敌人骑兵的。这些工事构成了一个广阔坚固的防御体系，是宗泽出任东京留守后，仅用半年的时间迅速构筑起来的。回想起半年前，范讷任东京留守，当时金军屯驻在黄河北岸，形势本来十分紧张，可是范讷不但没有招兵买马，鼓舞士气，加强防御，反而散布弃城逃跑的舆论。他说："今战则无卒，守则无粮，不降则走。"（《系年要录》卷六，建炎元年六月己卯条）果然他卖掉房产，换取金银，准备一旦敌人临境，好逃之夭夭。那时，东京的城墙毁坏，楼橹尽废，路有尸骨，范讷都不闻不问。幸亏金军当时未曾进攻东京，否则，宋军是不堪一击的。

岳飞到了东京城前，使他惊喜的是，毁坏的楼橹已经修复，残破的城墙修葺一新。他兴奋地拦住一位过路的老汉，拱手询问："老人家，方今京师人心如何？"那老汉高兴地答道："今天有宗公守城，我们百姓不害怕了！"岳飞还从士卒口中知道了一点守备情况：经宗留守多方设法，现在屯驻在东京城内外的军队和义兵已达数十万之多。城中储积了可供半年之需的军粮。听了这些消息，岳飞投奔宗留守的决心更坚定了。

但就在岳飞到达东京之前，王彦接到了宿兵京师附近，以保卫京师的命令。此时，王彦的部队已经在东京外围驻扎了。

岳飞还没有见到宗泽，已有人告发了他。岳飞在东京被查办了，等待着军法的处置。

岳飞被判斩刑。但临刑前，宗泽突然驾到了。这位抗金老将看了一眼犯人，顿时大吃一惊。这犯人莫不是当年刘浩队伍中的岳飞？向身边幕僚一了解，果然如此。于是宗泽叹息说：“此将材也！”（《宋史·宗泽传》）宗泽心想，岳飞同王彦意见不协，不服主帅调遣，固然有罪，但国事艰危，正是用人之际，为什么不能给他以改正的机会呢？于是宗留守下令：“松绑，听候发落！”当场把岳飞开释了，并留军前候用。

不久，探报送来金军进犯汜水关（河南汜水镇西）的紧急情报。宗泽立即任命岳飞为“踏白使”，拨给五百名骑兵，前去击敌，将功赎罪。临出发前，宗泽握着岳飞的手，再三叮咛：“不要轻敌！”

年纪才二十六岁的岳飞，感激宗泽给他立功赎罪的机会，他跃身上马，带着五百骑兵，箭一般向西奔驰。郑州被甩在后面了，再往西北，前面就是汜水关。它西靠汜水，地势险要，为东京西面的咽喉之地，是金西路军东下的必经关口。岳飞骑兵队伍赶到，立即击败了金兵。这时东京飞骑送来命令：留军竹芦渡（在汜水关东）与金军相持。

可是携带的军粮快吃完了，缺乏军粮难以留军呀！必须用计才能逼使金军撤退。于是岳飞命令三百士卒，每人缚好两束交叉的柴草，埋伏在前山脚下，等到半夜，点燃柴草的两端，高高举起。半夜里，金军发现一山火光通明，以为宋军大量援军到了，慌忙撤营而走。岳飞乘机追击，金军大败。

岳飞奏凯回到东京，立即升为统制官，不久又提拔为都统制。

宗泽十分赞赏岳飞作战的勇敢。有一次，宗泽找来岳飞谈话，宗泽说："尔勇智才艺，古良将不能过，然好野战，非万全计。"说着，随手送给岳飞一张作战阵图。

岳飞回答说："古今异宜，夷险异地，岂可按一定之图？"

宗泽反问："如尔所言，阵法不足用耶？"

岳飞答道："阵而后战，兵法之常，然势有不可拘者，且运用之妙，存乎一心！"

宗泽沉思了一会，终于赞同了岳飞的主张："尔言是也。"（《金佗稡编》卷四《行实编年》卷之一，靖康二年条）

老将宗泽的爱护和指导，使岳飞既感激又尊重。但是感激和尊重不等于迷信和盲从，岳飞是敢于在长辈面前发表个人的见解的。而宗泽则能虚怀若谷地听取年轻人的意见，更难能可贵的是他从善如流。

时代需要"千里马"，而"千里马"更需要"伯乐"。风云际会，宗岳相遇，为岳飞提供了施展才能、叱咤风云的机会。

第三章

杀敌保民 转战江南

11

宗泽忧愤含恨死　岳飞挥泪承遗志

建炎元年（1127）十月，金军分东、中、西三路军马，南下进犯江淮，追擒高宗。这是南宋建立后，金军第一次南侵。高宗急忙从南京应天府逃到扬州。

然而，南下的金军，每一路都遭到了南宋爱国军民猛烈的抵抗。由兀术统领的金东路军，在千乘县（山东广饶）被抗金义兵所击败，“金人弃青、潍去”；西路金军由娄室率领的一部，遭到李彦仙、孟迪等十多支抗金义兵和经略使王庶部队的阻击，不敢渡黄河；由粘罕统率的中路金军，一度占领了西京（河南洛阳）。可是，在东京附近、在滑州，被宗泽部队打得一败涂地，在胙城（河南汲县东）、在黑龙潭等地，被岳飞连连击败，在竹芦渡，岳飞还活捉了金军千户等头目。

由于宗泽、岳飞等抗金将士和人民的英勇作战，金军南下灭宋的计划遭到了挫败，遂使高宗的南宋朝廷得到暂时的安定。

“时寇盗稍息，而执政大臣偷安朝夕。”高宗热衷于大兴宫室，沉湎酒色。黄潜善、汪伯彦等大臣，则经营起由国家垄断专卖的货物，牟取暴利。高宗君臣虽也感到金军的严峻威胁，但决不主张抗金，生怕触怒金人。他们对金只有“守和议”“结好金人”的策略。唯其如此，他们“漫不治兵，略无捍御”；自己不抗金，还咒骂抗金义兵“假勤王之名，公为聚寇”。

在国家危急的关头，赤胆报国的宗泽呕心沥血地进行着提兵北伐的准备工作。他向高宗发出十九道奏章，要求皇帝回京师来主持抗战，结果是石沉大海，毫无反响。直到他呈上第二十封奏章时，才接到高宗的诏书，说什么“朕将还阙，恭谒宗庙”。可是这一回，宗泽却受了骗。原来，高宗听到了信王赵榛将率领五马山寨义军渡河前往东京的传说，生怕赵榛与自己争夺帝位，才急急忙忙地下了要回东京的诏书。后来，五马山寨被金军攻陷，“信王不知所在”，高宗此诏也就成了一张废纸。以后，宗泽又接连四次上书，要求高宗“毋惑谗邪之言，毋沮忠鲠之论”。他还呈报了联结各地忠义山、水寨，约日会师的北伐计划。朝廷照旧不予理睬。

年迈的宗泽，心力交瘁，最后忧愤成疾了。这一年的炎夏，他背上发痈，终于卧床不起。

部下的将领，一批一批地来看望他。东京留守司统制官岳飞，已成为宗泽的亲密部下了，常常守候在宗泽的病床边。每当部下来看望时，宗泽总要挣扎着坐起来，勉励部将继承他的未竟之志：

> 吾固无恙，以二帝蒙尘之久，忧愤成疾耳。尔等能为我歼灭敌兵，以成主上恢复之志，虽死无恨！（《续资治通鉴》卷一百二）

部将们听了宗泽这席话，热泪如雨，他们对着这位百折不挠、坚持抗金的老英雄，迸出一句誓言：“愿尽死！”

临绝命之前，宗泽挣扎着坐起来，环顾了四周，他叹息着吟起了杜甫的诗句：“出师未捷身先死，长使英雄泪满襟！”

过了一会儿，他突然连声呼喊：“渡河！渡河！渡河！”喊完，即与世长辞了。

这连声呼喊，震动三山五岳，铭刻在南宋爱国军民的心坎里，更深深铭刻在岳飞的心坎里。

12

君臣闻警弃扬州　岳飞苦谏守东京

宗泽病殁的消息，飞传到金国朝廷，金太宗当即下旨：康王构必须穷追，陕西也不可不取。遂命娄室率军一路攻陕西，粘罕一路攻江淮。粘罕一路从云中出发，打到了黄河边。这时，接任宗泽当东京留守的杜充，不敢与金军作战，却决开黄河，企图以茫茫洪水来阻挡金军的前进。结果粘罕一军绕过东京，经由山东，打进了江淮地区。并于建炎三年（1129）二月，攻下了扬州北面的泗州。参赞军事张浚得知敌情，深夜派人向高宗报告。正在行宫寻欢作乐的高宗吓得脸色惨白，天一亮，高宗立即找来黄、汪计议，准备南逃。但黄、汪至今还把南下的金军当作流窜在宿州、泗州一带游寇李成的余党；而且他们深信朝廷的使者宇文虚中已赴金和议，不久和议必可达成。过一会，探报又到，说是金军已到天长军（安徽天长）。朝廷这才急忙派刘光世领大兵迎敌。刘光世是个资历较高的大将，当时朝野都说："光世必能御敌。"（《中兴小纪》卷五）哪想到刘光世一军刚刚到达淮河，就草木皆兵，逃跑、溃散了。

次日，金军攻陷天长，高宗大惊，立即披甲上马，仅带御营司都统制王渊、参赞张浚、内侍康履等五六人以及一些卫士，连宰相也没有通知，慌忙逃跑。这时黄、汪二相正与官员“会食中堂”，突然堂吏大呼：“皇上跑了！”这才惊出一身冷汗，立即上马逃命。

扬州数十万民众看到皇帝、宰相顾自逃命，才知敌情严重，扬州城中顿时大乱，纷纷扶老携幼，也向城外奔逃。但高宗十万御营兵，却纵马狂奔，冲开人群，与民争路。马踏人挤，百姓死伤者不计其数。扬州军民对黄、汪误国恨之入骨。司农卿黄锷骑马奔至江边，一军士喊一声：“黄相公在此！”人们以为是宰相黄潜善，纷纷痛骂：“误国害民，皆汝之辈！”黄锷立即被拉下马来，他来不及分辩，头已落地。给事中黄哲，被骑士一连射中四箭，死于非命。还有黄唐杰两兄弟也被溺死水中。姓黄的朝官，被愤怒到了极点的群众误当作黄潜善处死的，竟有好几个。

由于高宗君臣如惊弓之鸟竞翅飞遁，金军未曾遇到抵抗，便唾手取得了扬州。又听说高宗已渡江，他们就四处纵火。城内男女老幼及金帛储积，惨遭金军的屠杀、抢劫。

从扬州至长江边的瓜洲镇，这五十里的水路中头尾相接地挤满了公私逃难船只，因潮水未涨，大小船只不能开进长江。金军一到，所有金珠玉帛，宫车御服用具，都成了金军囊中之物。

扬州遭受了毁灭性的浩劫，变成了尸骨堆积的废墟。

高宗带着一批宠用的奸臣、宦官，一口气往南逃到杭州。在朝野舆论谴责下，不得不匆匆下了一道罪己诏，罢免黄、汪的宰相官职；但对遇金军不战、先自逃跑的王渊，竟跃级提拔为签书枢密院事，而对保驾有功的人竟不嘉奖。如此赏罚颠倒，是非不分，令人愤怒万分。御前军统制苗傅和副统制刘正彦，发动了兵变。他们设计先杀死了王渊，接着又杀了受贿卖官的宦官康履。当众历数了高宗没有严惩误国奸臣黄潜善、汪伯彦，赏罚不明，宠信宦官，致使“数路生灵无罪而就死地，数百万之金帛悉皆遗弃”等罪状，并且宣布“上（高宗）不当即大位”，逼使高宗退位，立三岁太子赵旉为皇帝，由孟太后垂帘听政。苗、刘兵变，得到“三军”拥护，“百官从之”。杭州百姓闻讯，人心大快。但政变不久，拥护高宗的文臣武将吕颐浩、张浚、韩世忠、张俊、辛道宗、刘光世等人率领各路人马前来包围了杭州。苗、刘不得不逃离杭州（后被追击，兵溃，被俘后遭杀害）。于是高宗复辟，重新恢复建炎年号［苗、刘暴动，废除高宗建炎年号，改元明受，见《宋史》卷四七五《苗傅传（附刘正彦传）》］。五月，改江宁府为建康府，并把行在从杭州移至建康（南京），作为顺应军民抗战决心的一个姿态。

这时东京留守杜充得知高宗已经复辟、行在移至建康的消息，在大局已定的情况下，他突然要率军南下来“勤王”了。原来，杜充决开黄河阻挡金兵，致使京畿数百里之地淹为一片汪洋，比金军的破坏有过之而无不及。居民、驻军没有粮食吃，只靠挖野菜充饥。金军的骑探又常常深入京畿，好像金军就要大规模地进攻了。在这种局面下，杜充吓得再也坐不住了。

近一年来，岳飞归属在杜充部下，他看到杜充一反宗泽所为，处处遵照黄、汪的意旨，搞得“士心不附”；又贪功疑忌，酷而无谋，以诛杀制服部下，使宗泽招聚来的众多义兵纷纷离去。岳飞感到十分痛苦。而这些义兵，竟被杜充指为游寇，令部下征剿。岳飞是杜充的部下，他不能不听从指挥。他东征西讨地去打仗，官衔逐渐升高了，从武功郎（从七品）转为武经大夫（正七品）、武略大夫（正七品）、武德大夫（正七品），并授予遥领刺史的职衔。但他长期来要收复中原失土，迎“二圣”，雪国耻，驰骋于抗金前线的壮志未能实现，心中是十分不满的。如今，杜充竟要放弃东京南逃，在这个事关抗金全局的重大问题上，岳飞再也不能沉默了。他冒着得罪上司有被诛杀的危险，求见了杜充，单刀直入地陈述不能抛弃东京的大义，他说：

中原之地，尺寸不可弃，况社稷宗庙在京师，陵寝在河南，尤非他地比。留守以重兵硕望，且不守此，他人奈何？今留守一举足，此地皆非我有矣！他日欲复取之，非捐数十万之众不可得也！留守盍重图之。（《金

佗稡编》卷四《行实编年》卷之一）

岳飞这段话一针见血地指出杜充“勤王”的实质是放弃社稷、宗庙所在的京师，是军事上的轻举，将造成不堪设想的后果，措词十分严峻。如果这段话出于其他将领之口，杜充必将视为犯上行为，予以严厉惩罚；但由于岳飞是个既勇武又有谋略的将领（杜充曾派岳飞率部大破由游寇王善、曹成、孔彦舟合众围困京师的南薰门之役，岳飞又在陈州大败王善，擒其战将孙胜、孙清，现已被杜充视为军中的柱石），他不得不对岳飞另眼相看，对岳飞的不敬之词，尚能容忍，只是一味为自己的逃跑辩护。岳飞虽然对杜充不满，但兵权在杜充手中，岳飞又有什么办法呢？

这年的五月间，岳飞只好跟着杜充撤到建康去了。想不到的是，高宗听说杜充自作主张南下“勤王”，竟下诏嘉奖他，还在行军途中，就一连给他升了两次官。到达建康后，杜充备受荣宠，又被任命为尚书右仆射（右相），并兼江淮宣抚使，留守建康，负责长江防务的重任。

杜充擅离前线职守，不仅没有遭到严惩，反而得到皇帝的褒奖，岳飞感到愤愤不平。

13

杜充弃建康降金　岳飞守钟山励卒

为什么宋高宗一再提拔擅离职守、畏敌南奔的杜充？原来这是他乞和“棋局”中的一着棋。杜充弃守东京，把中原大地拱手让给金人的做法，是暗合高宗只想收缩兵力保住南方，使他的小朝廷得以偏安江左的如意算盘的。为此，高宗倚重杜充，目的就是要杜充守住长江天险。

其实，当时的军事形势已十分危急，为了解救东南危局，因平苗、刘有功骤提为知枢密院事的张浚，曾向高宗提出在“关陕”开辟一个新的抗金战场，以牵制金军南下的军事计划。但是被金军凌厉攻势吓破了胆的高宗，根本听不进“抗金”两个字。他在建康只住了几个月，就回到了杭州，在离开建康之前，即派杜时亮带着他写的《致元帅书》赴金营祈哀乞和去了。书信是这样写的：

> 古之有国家而迫于危亡者，不过守与奔而已。今大国之征小邦，譬孟贲之搏僬侥耳。……

是以守则无人，奔则无地。此所以諰諰然惟冀阁下之见哀而赦己也。……愿削去旧号，如此，则金珠、玉帛者，大金之外府也；学士、大夫，大金之陪隶也。是天地之间，皆大金之国，而无有二上矣，亦何必劳师远涉，然后而快哉？（《系年要录》卷二十六，建炎三年八月丁卯条，引《国史拾遗》）

这封丧尽了国家民族的尊严、一味屈膝称臣的国书，送到金人眼前，换来的只是嗤之以鼻的蔑视。建炎三年（1129）秋天，金兵分数路大举入侵了。挞懒攻取山东及淮北，娄室仍攻陕西，兀术领兵自滁（安徽滁州）、和（安徽和县）入江东（江苏、安徽交界地区），拔离速、马五由河南入两湖、江西。金军全力以赴，只图迅速灭亡南宋，占领整个宋朝领土。

十月下旬，金兀术南下攻取寿春（安徽寿县），率大军进临长江。十一月初，占领建康西面、长江北岸的和县。

杜充得知和县守将投降消息后，除了飞檄召回在滁州攻打李成兵匪的岳飞、王瓔部队外，就只有一味消极地“清野”，烧民房、寺院。

金军沿长江北岸东进，与李成合攻乌江县（安徽和县东北），离建康不到百里了。杜充一面上奏谎报“督师诣采石防守”，其实却闭门深居，终日宴饮自娱。岳飞忍无可忍，闯入帅府，去见杜充，坚请杜充出城巡视江防。岳飞义正词严地陈词：

> 劲虏大敌，近在淮南，睥睨长江，包藏不浅，卧薪之势，莫甚于此时，而相公乃终日宴居，不省兵事……能保诸将之用命乎？诸将既不用命，金陵失守，相公能复高枕于此乎？虽飞以孤军效命，亦无补于国家矣！（《金佗稡编》卷四《行实编年》卷之一）

当想到江防关系国家安危时，岳飞这个刚毅的铁汉，不禁热泪盈眶，杜充却一声不吭。在岳飞再三恳请下，他才漫不经心地敷衍了一句：“来日当至江浒。”

来日复来日，不见杜充出。

金军顺利地占领了乌江县，便从采石过江，不料被太平州（安徽当涂）官郭伟所败。金军得知马家渡无宋军守备，遂改从马家渡过江。由于杜充根本不作防备，因此，使金军“渡长江如蹈平地”。（《会编》卷一三四，建炎三年十一月二十一日乙丑条）

金军已从马家渡过江的探报传来后，杜充才慌忙派都统制陈淬、统制官岳飞等十七个将领，带三万人前去接战，又派御营前军统制王𤫊带一万三千人应援。陈淬与兀术对阵，交战十余合，不分胜负。然而，金方统帅兀术身先士卒，亲自出阵交战，士气十分高涨。宋方呢，御营前军统制王瓒被金军凶猛的冲杀吓坏了，在关键时刻不战而逃。顿时，宋军阵营被牵动了，大帅一逃，诸将纷纷溃散，陈淬力战身死。剩下岳飞一部，一直厮杀到黄昏，还不见援军上来，粮食辎重又全数给溃将带走了，士卒乏食，又寡不敌众，岳飞不得不退军屯驻于钟山（江苏南京紫金山）。

形势急剧恶化，建康危在旦夕。

闭门不出的杜充，这时急于破门而逃了。他想从水门逃出，被愤怒的民众所拦阻。他欺骗百姓说，出城是为了迎击金军，百姓根本不信。一计不成又生一计，杜充赶紧打开府库，给士卒每人赏赐银子十四两、绢十四匹，以此笼络军队。第二天，他命令三千亲兵及王冠、王进所部，护送他及全家老少，带着金银玉帛，北渡长江，逃到真州（江苏仪征）去了。不久，金兀术带信去招降杜充，表示可封他为“中原王”，杜充向金投降（《金史》卷三《太宗本纪》），成了可耻的叛徒。

岳飞退守钟山宿营，第二天天刚亮，再出兵与金军交战，终因孤军奋战，寡不敌众，又退回钟山。

留守建康的十万官军，因主帅逃跑，军心动摇。不久，有些将领率部溃逃，各奔前程。准备将戚方自带一部，逃到镇江一带，打家劫舍，成了游寇。

逃跑像瘟疫一样，侵袭到岳飞的部众里来了。有的士卒已悄悄地跟戚方叛逃。部队正面临着溃散的危险。溃将们还一个个地派人前来同岳飞串联，表示愿推岳飞做主帅，一块儿跑回北方故乡去，但都遭到岳飞的严词拒绝。

乌云乱翻，朔风狂吹，面对着将帅叛逃，士卒溃散，金军席卷而来，百姓惶惶呼救的局面，岳飞没有被巨大的困难所压倒，决心力挽狂澜，做中流砥柱。于是立即集合好部队，他刺血激励部下，说：

> 我辈……当以忠义报国，立功名，书竹帛，死且不朽。若降而为虏，溃而为盗，偷生苟活，身死名灭，岂计之得矣？建康，江左形胜之地，使胡虏盗据，何以立国？今日之事，有死无二，辄出此门者斩！（《金佗稡编》卷四《行实编年》卷之一）

岳飞爱国情殷，言辞慷慨，使士卒激动得流下了热泪，都表示愿跟从岳统制，抗金不变心。将领傅庆、刘经也决定跟岳飞战斗在一起。那些原打算跑回北方故乡的西北兵，也在岳飞“立奇功，取中原”的感召下，不走了，齐声高呼：“惟统制命！”

部队稳住了，兵力壮大了，岳飞精神振奋。但是，大部分宋军已经溃散，金兀术的十万军马很快包围了建康城。江东安抚使陈邦光这时权代杜充守城，看见“满野铁骑，往来如云”，吓破了胆，忙派人到十里亭给金兀术送上投降书。建康陷落了，通判杨邦乂不屈被杀。金兀术高兴地说：“金陵（即建康）不烦吾攻击，大事成矣！”（《会编》卷一三五，建炎三年十一月二十九日条）

岳飞不幸而言中。在建康失守前，他对杜充陈说过固守长江天险的利害，事情的发展，没有一件不如岳飞所料。统帅失职，诸将不用命，建康势必失守。岳飞孤军又如何能挽救如此危局？

为了保存抗金实力，伺机再战，岳飞与刘经、傅庆退守茅山，准备牵制金军南下的主力，并在它的后方进行袭击。从此，岳飞开始了他转战江南水乡的抗金活动。

14 高宗丧魂逃海角　岳飞无畏战敌后

早在建炎三年（1129）九月，高宗得到了“金人治舟师将由海道窥江浙”的谍报。十月，高宗渡过钱塘江，躲到越州（浙江绍兴）去了。当陈淬、岳飞与金人大战于长江边的马家渡，陈淬战死，建康失陷的警报传来时，高宗又连忙从越州逃向明州（浙江宁波）。这时，攻打江西一路的金军渡过长江，占领江州（江西九江）后，深入江西、两湖，差点把孟太后捉住，一路烧杀抢掠，如入无人之境。金兀术在占领军事重镇建康以后，就由建康进军，经溧水、广德、安吉、湖州，直取杭州。这一条历来为兵家所必争的战略要道，南宋竟没有部署重兵把守。前锋所向，几乎未遇什么抵抗。沿途州县的守臣，对敌情毫无所知。如广德守臣周烈竟把金军当作溃散的游寇，派人前去联系，约好只要不扰民，杀猪宰羊款待，奉送粮草犒军。金军就将计就计取得了广德，周烈被杀。

距离广德仅八十里的安吉，地方官员根本不知广德陷落，更未组织防御。兀术率军过独松岭，见两山直壁夹道，形势险要，不禁感叹："南朝可谓无人，倘以羸兵数百守此，吾岂能遽度哉？"（《系年要录》卷三十，建炎三年十二月癸未条）

金军向杭州进逼。这时的杭州，朝廷早已迁走，杭州守臣康允之只听说有兵来了，也不知什么兵。派了将军刘某去迎敌，斩得两个敌兵首级归来。康允之一看，血淋淋的人头都戴耳环，惊呼："金人也！"马上放弃临安府而逃。但爱国的广大军民，得知金兵到来，坚决守卫，杀了畏敌投金的临安府守臣刘诲。钱塘县令朱跸率兵民迎战，在天竺山英勇战死。

杭州失陷了，越州、明州相继失陷。高宗丧魂落魄，连忙向海上逃跑。但金军仍紧追不放，派舟船于海上穷追，直至昌国县（浙江舟山）的海面，才被宋枢密院领海船张公裕所率水军挡住。如丧家之犬的高宗，方得以逃往温州。

兀术领兵十万，一路烧杀过来，所向披靡；可是，后方却遭到了岳飞军队的痛击。岳飞派刘经带一千兵收复溧阳县，斩敌五百多，活捉兀术刚刚任命的溧阳知县渤海太师李撒八及金军头目十二人。岳飞亲自率兵在广德袭击了金军的殿后部队，砍得金军首级一千二百十六颗，生擒金将汉儿王权等二十四人，剃头签军（在金人统治区，汉人丁男常被强迫签发去当兵。因汉人得按金统治者规定剪发，所以由这类汉人组成的军队，称"剃头签军"。）首领四十八人。

岳飞从宗泽那里学到了做瓦解敌军工作的经验。金军的成分是复杂的，女真族只是少数，多数是从被征服的各族中征集来的，如“汉儿”（1125 年金灭辽以前，在辽国统治下的汉人称“汉儿”，又称“契丹汉儿”，后为金人沿用）、“剃头签军”（或称签军）等。由于金军内部不平等，有矛盾。岳飞就利用敌军内部的矛盾，特别是利用被强迫当兵的汉人对女真人的不满，做分化瓦解工作，岳飞同俘获的签军谈话，晓之以共扶社稷的大义，并从中挑选出真正愿意倒戈的汉人放归，令他们在夜间袭击金营，烧毁金军的辎重、粮草。岳飞军又从外面夹攻，乘乱冲杀。岳飞通过运用诸如此类的战术，常常出奇制胜。在广德境内，与金军作战，六战六捷。

岳飞军驻屯广德钟村期间，军中粮食匮乏。一时又得不到朝廷拨支军粮。岳飞便与母亲商量，捐献家财购买军粮，以暂渡难关。当时，溃散的宋军专以剽掠为生，唯岳飞严厉约束部属，不许侵掠百姓，做到“秋毫无犯”（《广德捷奏》，载《金佗稡编》卷十六《家集》卷七）。驻地老百姓照常下田务农，街头市井买卖照常。岳飞军队纪律严明，在当时的官军中声望最高，赢得了老百姓的爱戴。金军中的签军，也争着前来归降岳飞。他们称岳军为“岳爷爷军”。

岳飞的队伍壮大起来了，士卒不下一万人，加上家属、使臣等人，岳飞军拥众在二万人以上。在当时得不到朝廷正常军事给养的情况下，粮食问题成了最大的困难。

相识于南京行伍之中并把岳飞推荐给张所的赵九龄，这时突然在广德与岳飞见面了。赵九龄是一个坚定的抗战派，中兴之“奇才”（陈亮《龙川文集》卷十三《中兴遗传序》）。由于朝廷执政者的疑忌、排挤，他终未获大用。这时他在常州衙门里当了一个属官。建康失守后，他听到了诸将彷徨江上，莫知所适，又乏粮，将谋抄掠的消息，急忙去迎请岳飞，邀他到盛产稻谷的常州来。岳飞欣然应诺。岳飞认为据守常州，可控扼金人往来交通，金人也必将力争，因此常州正是打击金军的重要地方。当岳飞决定部队出发时，不幸传来了常州已被金军分兵攻占的消息，岳飞只好暂时按兵不动。

相邻的宜兴县，正被建康败下来的水军统制郭吉所骚扰，百姓、县官仰慕岳飞的威名，特地奉书来请岳飞到宜兴去。县令说：“邑之粮糗，可给万军十岁！”

建炎四年（1130）春，岳飞军向宜兴移防。郭吉听说岳飞军队来了，忙把人马、财物装了百多只舟船，驶入太湖，逃之夭夭。岳飞驻军宜兴、张渚期间，还打败了戚方为首的兵匪游寇，一县仗赖岳飞军获得安宁。邻近县邑的士民、官吏，纷纷弃家搬迁到宜兴来住。“杜充之败也，其将士溃去多行剽掠。独飞严戢所部，不扰居民，士大夫避寇者，皆赖以免。”（《皇宋中兴两朝圣政》卷七《高宗皇帝七·岳飞时誉翕然》）岳飞捍国保民的功业，赢得了宜兴人民的感激，都说："父母生我也易，公之保我也难！"（钱谌《宜兴县生祠叙》，载《金佗续编》卷三十）为了不忘岳飞的恩德，他们建立起生祠（纪念在世人物的祠堂），挂起岳飞的画像，祀以香火。从这时候起，岳飞的名字，就开始刻进江、浙、皖人民的心中了。

金军在攻打明州时，曾被宋浙东制置使张俊率兵打败，死伤数千人；后来，张俊慑于金军反扑，撤退了，明州遭受金军的蹂躏。但这却是金军深入南中国以来第一次受挫。兀术派舟师浮海穷追高宗三百里，结果又被宋水师打败。当时大江南北人民纷纷起来反抗，袭击金军，金军所受到的威胁日益加重；同时浙西制置使韩世忠已屯兵镇江，守住长江下游；张浚调集大军在关陕发动反击，形成"关门打狗"的形势，使金兀术产生了孤军深入、"恐邀其后"的畏惧。建炎四年二月，兀术以"搜山检海已毕"（《系年要录》卷三十一，建炎四年二月丙子条）为借口，从临安退兵。在纵火焚烧明州、杭州后，人马、辎重及全部掳掠物，从运河经秀州（浙江嘉兴）、平江（江苏苏州）一线北撤。

当金军返经常州时，岳飞自宜兴率军迎袭，四战四胜。金军人马互相践踏，拥入河中淹死者，不计其数。活捉金军大头目女真万户一人、汉儿李渭等十一人。

岳飞在江南水乡转战四个多月，正如他自己所总结的："委是屡战屡胜。"他兴奋地写了《广德捷奏》，把广德、溧阳、常州的战果一起向朝廷奏报了。这是他初次独立指挥作战所取得的胜利。他兴奋地在金沙寺题词：

> 余驻大兵宜兴，缘干王事过此。陪僧僚，谒金仙，徘徊暂憩。遂拥铁骑千余，长驱而往。然俟立奇功，殄丑虏，复三关（指瓦桥关、益津关、淤口关），迎二圣，使宋朝再振，中国安强。他时过此，得勒金石，不胜快哉！建炎四年四月十二日，河朔岳飞题。（《广德军金沙寺壁题记》，载《金佗稡编》卷十九《家集》卷十）

15 韩世忠镇江大捷　岳飞收复建康城

常州之战后，岳飞第一次接到皇帝的诏书，命令他配合扼守镇江的韩世忠，从左翼打击金军，伺机收复建康。

这时，在常州附近遭到岳飞袭击的金兀术，不敢在常州停留，直奔吕城屯宿，并往镇江方向退去。

久经沙场的韩世忠，已在镇江至建康一带江面上布下战船，严阵以待。

金兀术遣使者向韩世忠挑战，韩世忠应战。如期会战时，激战数十合，兀术不能取胜，复遣使向韩世忠提出借路过江，条件是：归还掳掠物，馈赠名马五千。韩世忠轻蔑地说："只留下乌珠（即兀术）乃可去！"（《中兴小纪》卷八）

金兀术没奈何，派人过江请挞懒增援。于是，挞懒令托云自扬州引兵屯真州，沿长江北岸布兵，势连建康。但韩世忠亲领海船，在江上指挥南北接战，与金军相持于黄天荡。韩世忠夫人梁红玉，亲自击鼓助阵。金军舟师不敢接近宋军又高又大的海船，一旦接近，就被宋船带索的大钩钩住拖走。兀术穷蹙，再和韩世忠直接对话，依旧苦苦哀求借道。韩世忠一边解下随身所佩的金凤瓶酒壶，若无其事地与部下传酒纵饮，一边冷冷地回话说："是不难，但迎还两宫（徽、钦二帝），复旧疆土！"（《中兴两朝圣政》卷七《韩世忠扼敌于金山寺》）

就这样，水路被韩世忠死死卡住了，金兀术急得像热锅上的蚂蚁。

陆路上，这时岳飞率兵追来，在清水亭与金军进行了一场激战。金军大败，尸体横七竖八地布满了十五里。岳飞部队斩获女真大小军将首级就达一百七十五颗，缴获金军马甲、弓箭、金鼓三千七百余件。这一仗是金军渡江南侵以来第一次大惨败。

在镇江已无法渡江。金兀术唯一的去向是西奔建康，但是，人马可以走陆路，满载掳掠物的船队，却非得经水路不可，这又必须绕过韩世忠把守的江面。兀术左思右想，一筹莫展，于是高价悬赏征求妙计。

这时，一个无耻叛徒向兀术献策说：今江水涨满，宜于芦场地（镇江西面）凿大渠二十余里，接通长江口。金兀术听从其计，一夜之间开出一条大渠，从镇江西南通到长江。（《世忠神道碑》，见顾舟《宋韩蕲王碑释文》卷上。近人金毓黻、何竹淇都以《金史·宗弼传》为据，认为兀术是"因老鹳河故道，凿渠三十里，通秦淮"。今附存此说，待考。）第二天，韩世忠突然发现金军船队失踪，后来得到报告说，金人船队已在上游直向建康驶去。韩世忠下令火速尾追，迫使金船在建康屯驻，兀术渡江又未能成功。

在陆路，金军人马向建康进发。岳飞也早有预料，此时已设伏兵于建康南面的牛头山，伺机歼敌。夜间，他派出一百士卒，身穿黑衣，混入金营，骚扰敌人。金人在惊慌中互相残杀，伤亡很大。后来金军才发现夜间的自相混战，系宋军混入骚扰所造成，便增加逻卒，加强了巡逻。岳飞随机应变，又派强壮的士卒，衔枚潜伏在路旁，等巡逻兵过来时，一一擒获。搞得金军不断损兵折将，惊慌不安。金兀术唯恐拖延下去，将遭到宋军包围，自己会成瓮中之鳖，因此更急于过江。于是他在建康城中又贴出赏榜，征求渡江的妙策。这时，另一个民族败类贪图厚赏，教金人把帆船统统改装为不怕火的划桨船，等风平浪静时，轻舟划入长江，挑选好弓手，对准宋军海船的箬篷发射火箭。金兀术连夜赶造火箭，等到无风的一天，果然用火攻打败了韩世忠的海船队。韩世忠因舟师损失较大，领兵退回镇江下游去了。但韩世忠以八千之军，竟能对抗兀术十万之众达四十八天之久，使兀术丧胆，在南宋抗金史上已经写下了光辉的一页。

兀术离开建康之前，进行了疯狂的报复。金军纵火焚掠三日，抓走居民、官员中的强壮男女，疯狂屠杀老弱病残，逃生者仅十分之一。一个拥有十七万居民（不计流寓商贩）的城市，变成了遍地尸骨、血迹斑斑的“大坟场”。（叶

梦得《建康集》卷四《建康掩骼记》）

满怀怒火的岳飞，立即率部从牛头山飞奔而下，占据了金军刚刚退走的新城（即金军占领建康后于旧城西南方建造的新城。何竹淇先生《岳飞抗金史略》中说“新城即新亭，在江苏江宁县南十五里”，待商榷），趁着金军匆匆撤出建康渡江而逃的机会，狠狠打击金军。这时金兀术正从建康西北的静安（亦称龙湾）向北岸的宣化渡江，金军的后部遭到了岳飞部队的追击，凡背着掳掠物尚未登舟的金军，统统被宋军以戈矛捅落水中淹毙。这一仗，岳飞部队仅斩死女真兵就有三千余，俘虏三百多人，其中将领有二十余人，得马三百匹，铠仗旗鼓数以万计，牛驴辎重无数。

静安大捷后，金军在江南不复留下一骑一卒。建炎四年（1130）五月，岳飞收复了建康。

岳飞收复建康，受到了朝野普遍的赞扬。删定官邵缉上书朝廷，特别提到岳飞收复建康的功绩，他写道：

> 飞能奋不顾身，勇往克复建康及境内县镇，为国家夺取形胜咽喉之地，使逆虏扫地而去，无一骑留者。江浙平定，其谁之力也？（《金佗续编》卷二十八《江东邵缉献书》）

金军第一次南侵，最后以失败告终。在南宋爱国军民的打击下，尤其是韩世忠和岳飞的抗金斗争，迫使金军从此不敢渡江南侵，保障了江南不再受战火焚烧，稳定了南方的社会生产、社会秩序。

从建炎四年四月起，岳飞部队归属于御前右军都统制、浙西江东制置使张俊部下。张俊打算把统制官岳飞派往鄱阳（江西鄱阳），扼守江南东路、江南西路（大致在江西省、皖南及江苏西南部分）。建康收复后，岳飞仍然十分重视守卫建康的战略意义，在《奏乞益兵守淮略》中指出："建康为国家形势要害之地，宜选兵固守。……臣以为贼若渡江，必先二浙（江苏省东南部和浙江省全部），臣乞益兵守淮（即淮南东路、淮南西路、淮河至长江之间的地区），拱护腹心。"

高宗阅读了岳飞这一道奏章，采纳了岳飞的主张，取消了让岳飞驻军鄱阳的原议，并奖赐岳飞镀金枪、百花袍、金带鞍马和五十副铁铠。

由于岳飞收复了建康，指出了守两淮、拱护建康的重要性，得到了高宗和朝廷大臣的重视。

收复建康后，岳飞暂回宜兴休息。宜兴县的张渚镇上住着一个名叫张完的读书人，岳飞前去拜访，并在张家的墙壁上书写了一篇"题记"：

近中原板荡，金人长驱，如入无人之境，将帅无能，不及长城之壮。余发愤河朔，起自相台（指相州，因曹操所建铜雀台在相州，故相州又称相台），总发（古代未满二十岁的男子，把头发绾成两个小髻，称为“总发”，即指未及成年的人）从军，大小二百余战，虽不及远涉遐荒，亦足快国事之万一。今又提一垒（旅）孤军，振起宜兴，建康之城，一举而复。

今且休兵养卒以待，如或朝廷见念，赐予器甲，使之完备，颁降功赏，使人蒙恩，即当深入边庭，迎二圣复还京师，取故地再上版籍。他时过此，勒功金石，岂不快哉！此心一发，天地知之，知我者知之。建炎四年六月望日，河朔岳飞书。（《宋岳鄂王文集》卷下）

这一篇“题记”，是岳飞豪情壮志的奔泻，可以说是岳飞自二十岁从军开始，至收复建康止，这八年戎马生活的一个总结，也是岳飞怀抱壮志宏图的真实写照。他期望着朝廷今后的国策有所改变，能切实地支持抗金的事业，那么收复故疆、为国建功立业的愿望就能实现了。

16 论功升任镇抚使　上表坚请赴前线

金人北退以后，如何平息骚乱于两浙的戚方游寇部队，成为南宋政府的一个当务之急。

戚方，原是杜充的部将之一。在建康失陷前，他率部离开建康，在两浙流窜抢掠。他曾经为了吞并扈成（也是杜充的部将）的军队，设计诱杀了扈成。但扈成的部众却投奔了岳飞。戚方在广德，又企图火并岳飞的军队，但阴谋未遂。这股游寇遇金军就逃，见百姓就抢。

建炎四年（1130）夏天，张俊被任命为招讨使，岳飞则受命听张俊节制，讨伐戚方。这时，戚方正从宣州（安徽宣城）窜入湖州的安吉。

岳飞亲率精锐三千，前往安吉上乡追击戚方。安吉县是山区，骑马行军十分艰难。岳飞在苦岭扎寨安营。戚方闻官军来了，砸断官桥，卡住通路，准备对垒固守；后来得知岳飞率兵前来征讨，赶快钻入深山竹丛，溜之大吉。岳飞派傅庆追赶，戚方已远遁他去。不久，戚方自恃增加了兵力，竟恶狠狠地向岳飞部队扑过来。可是，交战数合，即败下阵来，连忙又逃。岳飞穷追不已。戚方料定自己逃不出岳飞之手，又碰上张俊率师夹攻上来，赶快投降了张俊。

张俊不费吹灰之力，获得了收降戚方的功劳。不过，那时的张俊，对部下岳飞尚未妒功猜疑，他记下了岳飞的功劳，还请岳飞赴宴庆功。宴饮间，张俊令戚方出来拜见岳飞。戚方一见岳飞，吓得连忙跪拜请罪，声声哀求岳飞免他一死。张俊有点莫名其妙，岳飞对张俊说："飞与方，同在建康，方遽叛去……屠戮生灵，骚动郡县，又诱杀扈成，而屠其家，拒命不降，比诸凶为甚，此安可贳？"

张俊打了圆场，使戚方稍稍宽下心来。这时，岳飞徐徐地从箭筒中抽出一枝箭来。这枝箭一亮，戚方又惊出一身汗。原来，岳飞在广德时，戚方曾卑鄙地对岳飞进行暗算。有一次，戚方竟从背后向岳飞暗放手弩，幸好未射中，飞箭射在岳飞的马鞍上。岳飞收藏了这枝箭，愤然地说："他日擒此贼，必令手折以就戮！"

岳飞对张俊说明了这枝箭的来历，并把它扔给戚方，要他一寸一寸地折断。戚方这时浑身发抖，不得不低着头，将箭杆一寸一寸地折断。岳飞和张俊看到戚方那副猥琐的样子，禁不住大笑起来。（《金佗稡编》卷五《行实编年》卷之二）

这时岳飞声誉日高，朝野士大夫交章上书，称赞岳飞的功绩。有的奏章指出"岳飞骁武精悍，沉鸷有谋，临财廉，与士信”，具有超人的才干和特立的情操；有的奏章引用了岳飞对部下所讲的话：“要使后世书策中，知有岳飞之名，与关（关羽）、张（张飞）辈功烈相仿佛耳！”为此，他们向朝廷提出建议：“望朝廷论飞之功，加以爵赏，使与韩（世忠）刘（光世）特然成军者，势力相抗！”

七月，宰相范宗尹也向高宗极力推荐岳飞，并说：“张俊自浙西来，盛称岳飞可用！”

高宗决定擢用岳飞，他还记得岳飞主张坚守两淮拱护建康的献策，于是他对范宗尹说：

> 飞，杜充爱将，充失臣子之节，而能用飞者，有知人之明。迁飞武功大夫、忠州防御使、通泰镇抚使兼知泰州。（《会编》卷一四一，建炎四年八月一日辛未朔条）

八月一日，岳飞被正式授予通泰镇抚使之职。从此，岳飞负起了独当一面的重任。

岳飞虽然升了官，加了爵，但并不高兴。是嫌官不大，爵不显？不，岳飞追求的决不是高官厚爵，而是要建树雪国耻、复故疆的大业。因此，他希望能置身于杀敌的前线，直接提兵北伐，而不愿担任长江下游的一员守将。他上书要求免除通泰镇抚使之命，而授他在淮南东路招兵买马之权，以收复两淮失地，继而收复中原，以“使飞平生之志，得以少快”（《金佗稡编》卷十七《乞淮东路重难任使申省状》）。岳飞怕朝廷不放心，甚至主动提出愿以老母、妻子二人为人质。但岳飞的请求，没有得到朝廷批准。具有高度爱国热情的岳飞，当时由于缺乏对高宗和朝中某些大臣的深刻认识，也缺乏对宋军诸将的全面了解，他苦心谋划的军事设想，虽然顺应了爱国志士、广大抗战军民的愿望，也适合军事作战的需要，但实际上难以行通。当岳飞跨入高级将领行列后，一桩桩被牵制、约束的事件，都将证实这一点。

17 勇提一旅孤军　冒死救援楚州

岳飞要求朝廷让他招兵买马的地方——淮南东路（南至长江，北至淮河，西面以和州、滁州为界），在建炎四年（1130）夏天，这个地区是一种什么样的形势呢？

金兀术过江后暂驻在六合，他想把从江南掳掠得来的金银财物，很快经运河押送到金国的中都（北京）。可是运河边的重镇承州（江苏高邮）、楚州（江苏淮安，淮河、运河相会处），都为宋军所控扼。挞懒曾率军围攻楚州，遭到守将赵立的坚决反击，未能攻下。他与兀术计议合兵攻打，决心要打通这条北归的水路。八月，金军对楚州发起了疯狂的围攻。楚州告急。

承州，处在楚州与扬州之间。承州守将薛庆，是一个颇得民心的抗金将领。当时，扬州守将郭仲威，邀薛庆一同进援楚州，以解楚州之围。薛庆当即南下扬州，驰见郭仲威商讨出兵。不料在这军事危急之时，郭仲威竟在置酒宴会，薛庆大怒，厉声叱责："此岂纵酒之时耶？我为先锋，

汝当继后！”（《系年要录》卷三十六，建炎四年八月庚辰条）

薛庆屁股没有沾一下座椅，驰马就走。归途中薛庆遭到了金军重兵袭击。他率领百余亲兵与金军转战十余里，因敌我力量悬殊，不得不一边战斗一边退向扬州东门。这时，郭仲威暴露了他拥兵自重、见死不救的丑恶面目。他眼见薛庆危急，却拒不开城门。结果在金军乱箭之下，薛庆堕马遇害。薛庆所骑战马，因失去了马背上的主人，嘶鸣着冲出战场，沿原路奔回承州。州吏一见，惊呼：“薛太尉坐骑回来了，太尉战死了吗？”

朝廷命张俊支援楚州。作为大帅的张俊竟以“敌方济师，挞懒善兵，其锋不可当，（赵）立孤垒，危在旦夕，若以兵委（投）之，譬徒手搏虎，并亡（与楚州军民共亡）无益”为借口，拒不从命。签书枢密院事赵鼎苦苦劝说张俊发兵救援楚州，甚至向朝廷提出：倘使张俊出兵援楚州还有顾虑，我赵鼎愿伴他同往。张俊听了仍然不理，朝廷对他也没办法。

朝廷又命刘光世挥师急援楚州。刘光世虽有五万之众，也“畏金人之锋，不能援扬、楚”。

朝廷遂诏命通泰镇抚使岳飞驰援楚州。

岳飞的处境十分困难。他的部队“见（现）带军马万余，自春并不曾支给衣赐”，“惟是新复建康之后，所有士马疮溃尚新，羸弊方甚，兼自到任未及一旬，刍茭糗粮，一一窘乏……欲望钧慈（指刘光世）捐一二千之众，假（借）十余日之粮”。（《金佗稡编》卷十七《申刘光世乞兵马粮食状》）从上述报告可见，岳飞军缺衣、缺粮草，兵员来不及整顿补充，装备极差。况且，岳飞军尚在宜兴，大军移防，颇费时日。但岳飞受命之后，一面切实地设法解决困难，一面毫不迟疑地紧张行动起来，决心冒死救援楚州。

八月十五日，岳飞受命。八月十八日，部队便从宜兴出发。

八月二十一日，部队进至江阴，待渡。

八月二十六日夜二更，岳飞因军情紧急，率轻骑先入泰州，辎重在后。

九月初九日，大军齐集泰州。

九月二十日，进抵承州，与金军转战，三战三捷。

把一万人的队伍，从太湖西岸搬迁到长江北岸的东海之滨，在当时交通极不便利的情况下，这是一项多么艰巨的军事行动！

军无十日粮，要筹粮，补给装备，在当时军政机构转动不灵的情况下，这是何等繁重的任务！

当时挞懒、兀术合兵，兵锋甚锐，宋诸大将都在江南畏缩观望，不敢救援楚州，独岳飞奋提一旅孤军北上，该具有何等的勇气！

上述这张行军日程表，就是岳飞毫不顾及个人得失，一切服从抗金大局的需要，为了支援被围的前线重镇，万死不辞的历史记录。

以岳飞的兵力，去打破数倍于己的金军对楚州的包围，显然力不相当。但岳飞临危不惧，知难而进，以忠义鼓励士卒。部队斗志高昂，在承州附近打了胜仗，生擒金军大小头目七十余人。当这批俘虏被押解到越州（浙江绍兴）后，高宗赐札给岳飞，表彰他："节义忠勇，无愧古人；所至不扰民，不知有兵也；所向必克，寇始畏其威也。"（《金佗稡编》卷五《行实编年》卷之二）并赐给岳飞金注碗一只，盏十只。

但是，岳飞一旅孤军，因得不到其他部队的配合、支援，最后仍无法解救楚州之围。九月二十五日，楚州被金军攻陷了，金军掌握了渡淮的交通孔道。两淮地区几乎全部陷入金人之手。

岳飞兵力单薄，给养匮乏，不足以抗衡挞懒等金军二十万之众，只得渡江退至江阴屯驻。绍兴元年（1131）春，骑马善战的挞懒率一支主力部队，进攻通州（江苏南通）缩头湖张荣水寨，这是以己之短击人之长，结果金军舟船陷于泥淖中动弹不得。机智的张荣弃舟杀敌，把挞懒军打得惨败。挞懒仅带二千余人奔回楚州。此后不久，金军撤出两淮地区。缩头湖因而改为"得胜湖"。（顾祖禹《读史方舆纪要》卷二十三《江南》"兴化县"条）

岳飞在救援楚州后不久，接受了新的任务，征讨游寇李成去了。

第四章

经营北伐
长驱伊洛

18

修水边击溃马进　一封书降服张用

建炎四年（1130），是宋金战争形势发生重大变化的一年。

金兀术南侵，遭到江南爱国军民的打击，尤其是遭到韩世忠、岳飞的强大阻击与追击，从此不敢渡江。等到张荣水军在淮南狠狠揍了挞懒一顿以后，金军不久即渡淮北撤。

这一年，川陕宣抚处置使张浚在西北开辟了第二战线，作为中兴的一个开端。他调集了号称四十万的大军，在富平（陕西富平，西安东北）与金军大会战，迫使金国朝廷把东南战场的兀术军转移到西线战场上去，从而有力地牵制住金军主力，掩护了东南，使东线的形势缓和了下来。

这时，金国统治者粘罕等人才感到迅速灭亡南宋的设想并不符合现实，在征服南宋的策略上，便相应地作了一些改变。

这一年，金人采取了以下三大措施：

第一，把军事重心转移到川陕一线，企图越过秦岭攻入四川，控制长江上游，用大迂回的战略包围南宋。

第二，九月，在中原立刘豫为“儿皇帝”，建立伪齐政权，作为缓冲地带，以巩固它在北方的统治，并达到以“中国攻中国”的目的。

第三，十月，有预谋地纵归原北宋御史中丞秦桧，在南宋政府中巧妙地安插进“奸细”（《朱子语类》卷一三一），从内部破坏抗金力量。

此后，南宋爱国军民的抗金斗争，遇到了金军事与政治、公开与秘密的双重进攻。军事争战虽稍有缓和，但斗争反而更为复杂和激烈，侵略与反侵略、爱国与卖国、忠与奸的斗争，将在不同的战线上以更为尖锐的形式表现出来。

以宋高宗为首的南宋政府，在战争形势稍为缓和的情况下，便把主要精力转到“安内”上去了。所谓安内，即剿平境内的兵匪游寇。

在金军南侵、宋军溃逃、朝廷接连南迁的过程中，前线各地的溃兵有不少成了游寇。他们趁朝廷自顾不暇的时机，到处流窜，肆意抢掠，给战乱不止的社会制造着新的灾难。高宗曾采纳范宗尹的羁縻之计，划出数郡，开藩封疆，给溃军游寇首领封官提职。像李成，封他为舒、蕲、光、黄镇抚使，孔彦舟也被封过蕲、黄镇抚使，但他们照样四处窜扰杀掠。江西、湖南、湖北一带，成了兵匪横行的天下。金人一来，他们闻风而逃，所经州县洗劫一空；金人走了，他们立即霸占地盘，称王称霸。监察御史韩璜曾把惨不忍睹的景象上报朝廷：

> 自江西至湖南，无问郡县与村落，极目灰烬，所至破残，十室九空。询其所以，皆缘金人未到，而溃散之兵先之；金人既去，而袭逐之师继至。官兵盗贼，劫掠一同。城市乡村，搜索殆遍。……嗷嗷之声，比比皆是。民心散畔（叛），不绝如丝。（《系年要录》卷四十一，绍兴元年正月癸亥条）

韩璜担心“民叛”，不是过虑。人民无路可走，湖南、江西农民纷纷起义。建炎四年二月，鼎州（湖南常德）钟相起义，就是因反抗叛匪孔彦舟而组织起来的。

无论从抗金的需要还是从巩固南宋政权考虑，都必须割除游寇这一“毒瘤”。

建炎四年十二月，朝廷任命张俊为江淮招讨使，派他去负责讨伐流窜于江西、湖南、湖北等地的李成、张用、曹成等游寇。

李成在安徽滁州曾被岳飞打败，后趁金军南侵，自号“李天王”，“据江淮十余州，连兵数十万，有席卷东南之意……朝廷患之”（《会编》卷一四四，绍兴元年正月十一日条）。当时江西安抚大使兼知池州的吕颐浩，打算在池州（安徽池州）设治所，李成马上派骁将马进围攻池州上游的江州（九江）。江州被围三个月，江东大帅吕颐浩、杨惟忠、巨师古率师来救，均被马进击败，官军不能近城。城中守军粮尽援绝，知州姚舜明、统制刘绍先弃城而逃。马进攻陷江州后大肆杀掠。李成遂入江州坐镇。吕颐浩毫无办法，只得驻军饶州（江西鄱阳）。朝廷为之震动。知枢密院事李回竟提出要高宗亲征。高宗表示："朕决须亲征，但（等）敌骑稍北。"（《中兴小纪》卷九）可见，李成作乱，已成为南宋政府心腹之患。李成攻陷江州后，又派马进攻打洪州（江西南昌）。

高宗诏命张俊去讨平李成，并用威胁性的口吻说："今日诸将，独汝无功。"张俊恐惧地受命而退。张俊自料凭本部军讨李成"必不可胜"，其他诸将中，唯有岳飞"谋勇"兼备，于是上书请派遣通泰镇抚使岳飞同往。绍兴元年（1131）正月十日，岳飞受诏命归张俊节制，征讨李成。十一日，岳飞从江阴出发，十五日即到宜兴，经徽州（安徽歙县）直奔饶州，与张俊会合后，向洪州进发。

从宜兴入徽州至鄱阳，这一条行军路线，正好穿越在连绵起伏的天目山、黄山、怀玉山之间。时值二月，江南春早，望不尽的苍松翠竹，听不断的山涧流水声潺潺，鸟语花香使人沉醉，巍峨群山又令人胸襟开阔。爱国情深的岳将军，为壮丽的山河所吸引，途经祁门（安徽祁门）西面三十余里的东松寺时，抑制不住内心情感的奔放，挥笔在东山寺壁上题词：

> 余自江阴军提兵起发，前赴饶郡，与张招讨会合。崎岖山路，殆及千里，过祁门西约一舍余，当途有庵一所。问其僧，曰："东松。"……观其基址，乃凿山开地，创立廊庑，三山环耸，势凌碧落，万木森郁，密掩烟甍，胜景潇洒，实为可爱。所恨不能款曲，进程遄速。俟他日殄灭盗贼，凯旋回归，复得至此，即当聊结善缘，以慰庵僧。绍兴改元仲春十有四日，河朔岳飞题。（**《宋岳鄂王文集》卷上《东松寺题壁记》**）

岳飞在戎马倥偬之际，给我们留下了这篇赞美江南山色的散文，使我们窥见了英雄丰富的内心世界：既有慷慨高昂誓杀金人、雪耻复国的壮志，也有热爱山河、向往自然之美的深情，这两者是相互联系、密切结合的。岳飞懂得美，欣赏美，更追求美，唯其如此，他才能够锲而不舍地为国家而战。

二月，岳飞在鄱阳与张俊会师，然后火速进兵，先于游寇马进到达洪州。前军统制王瓔、后军统制陈思恭也陆续到达。致使马进到达后，不得不在隔江的西山连营扎寨，与官军对垒。马进拥有十万之众，兵势甚盛。

张俊召集岳飞、杨沂中、陈思恭、王瓔诸将商议用兵策略。诸将主张分兵两路夹击。岳飞补充说：“贼贪而不虑后，若以骑兵三千，自上流（赣江上游）生米渡（江西新建）渡江，出其不意，破之必矣。飞虽不才，愿为先锋以行。”张俊遂分兵两路，以岳飞一部为先锋军。岳飞率部从生米渡过江，亲率骑兵向西山马进营寨的右翼猛扑，在玉隆观两军相遇。岳飞身先士卒，奋勇地冲入敌阵，后续骑兵紧紧跟进，并在另一路宋军夹击下，把马进军打得大败，俘虏了五万人。匪首马进率残部逃遁。岳飞跟踪追击二十五里。至河渡土桥，匪军才过了数十骑，桥突然崩塌，马进无路可逃，引兵五千反扑。岳飞一箭射杀先锋将，并指挥骑兵冲锋，杀得马进军望风溃逃，往西窜入筠州（江西高安）。岳飞追至筠州城东屯兵。第二天，马进倾巢而出，在城外列阵十五里，仗着人多势众，要与官军决战。岳飞早有胜算，天一亮，他领骑兵二百人，高举“岳”字旗，擂动战鼓，大模大样地向敌阵前进。游寇以岳飞军少可欺，立即出阵交战，可是刚出阵，岳飞的伏兵霎时蜂拥而出，猛击寇军，打得马进军抱头鼠窜。岳飞见势派人喊话：“愿意改邪归正的，坐下，放下兵器，保证不杀！”

匪军应声而坐的有八千人。可是，张俊怕这八千降卒复叛，命陈思恭在夜间将他们全部秘密地杀害了。

马进率残部往南康军（江西永修、星子等地）方向溃逃，在朱家山堰森林中又遭到了岳飞伏军的袭击，马进部将赵万被斩。马进仅带十余骑逃遁。岳飞杀获五千余人。李成知悉马进惨败，亲率十万大军，与宋军会战于奉新（江西奉新）楼子庄。李成属将商元在草山据险设伏，为张俊所识破。张俊派兵绕小路登上草山顶，从背后袭击商元伏兵。李成军大败而逃。岳飞乘胜追击至武宁（江西武宁），在三十里纵深列阵，准备在修水南岸大战游寇，以便一举歼灭。因为一旦敌人渡过了修水，从武宁到江州，就是一片平地，追歼就难了。这时正遇修水暴涨，匪军无法涉渡。前有江阻，后有追兵，数万之众，遂不攻自垮。岳飞“不鸣一桴，不施一镞，而解一邑倒垂”（章子仁《南昌武宁县城隍祠岳忠武王遗像记》，载《金佗续编》卷二十七），武宁收复，又往九江方向继续追击，杀、降数万人。三月二十八日，官军收复江州。李成自独木渡越过长江，逃往蕲州（湖北蕲州镇）。

岳飞军骑兵追杀了李成部将马进、孙建，李成投奔伪齐刘豫，当汉奸去了。

平定李成，虽然除了一个毒瘤，但江西尚未宁静。时叛时降的张用拥众五万，屯兵于瑞昌（九江市西），对江州威胁很大。

张用，河南相州人，以勇力闻名，号“张莽荡”。在宗泽当东京留守时，张用和王善均听命于宗泽；杜充当东京留守后离去，成了游寇。张用妻子号“一丈青”，勇敢非凡，能敌千人。这支游寇，显然不易对付。张俊又召见了岳飞说："非公无可遣者！"又问："用兵几何？"

岳飞回答说："此贼可徒手擒！"

强中还有强中手。岳飞跟张用早已较量过多次，东京南薰门之战、铁炉步之战，都记下了岳飞大败张用的战绩。张俊是知道的，但为了必胜，他又给岳飞增兵三千。

这一仗该如何打，岳飞已有成算。在金牛屯兵后，岳飞派一个士兵携带亲笔书信去见张用。张用拆开信，先看署名，见是"河朔岳飞"，心中吃了一惊，忙展信细读下去：

> 吾与汝同里人，忠以告汝：南薰门、铁炉步之战，皆汝所悉也。今吾自将在此，汝欲战则出战，不欲战则降。降则国家录用，各受宠荣；不降则身陨锋镝，或系累归朝廷，虽悔不可及矣。(《金佗稡编》卷五《行实编年》卷之二)

张用夫妻读罢岳飞这一封动之以乡情、陈之以利害的书信，陷入了深思。他们考虑到相互犄角的几股游寇势力：李成已溃逃；占据鄂州的李允文也被张俊俘虏，押送行在所；如今官军大兵压境，更何况前来征讨的不是他人，正是岳飞，如不投降，前途必然凶多吉少。张用遂决定率部投降岳飞。

张俊对僚属说："岳观察之勇略，吾与汝曹俱不及也！"这次平息江淮游寇的战功，张俊上奏以岳飞为第一。

七月，岳飞被提升为神武副军统制。

张俊受诏还朝时，岳飞仍留在南昌，用他的威望和实力，弹压游寇。

十二月，岳飞擢升为神武副军都统制。

岳飞驻守洪州一年间，给深受兵匪祸害的当地人民留下了极好的印象。数万之众驻军南昌，市面上见不到军人。只有在部队检阅、比试武艺时，居民才有机会观瞻岳飞军的阵容。岳飞对当地的士大夫，即当时的知识分子，十分尊重，待之以礼，不耻下问。士大夫们也极愿意拜访岳飞。相互往还之际，岳飞不摆架子，不轻率地发表意见和回答问题。但当他认为有必要说话的时候，是决不瞻前顾后、欲说还休的，而且出言切中事理，因此为人所重。譬如有一次，有人问岳飞："天下何时太平？"岳飞响亮地回答："文官不爱钱，武官不怕死，则太平矣！"

岳飞的回答，针对当时社会的弊病，有感而发。然而，这句话在阶级社会里有深刻的社会意义，长期为人们所颂传，已成为至理名言。

19

打通要道进兵湖广　纳壮士不计杀弟仇

当张俊、岳飞平定游寇李成、张用的时候，吴玠、吴璘两兄弟，在抗金西线的关陕一再击败金军，连连告捷。

关陕在战略地位上十分重要。早在建炎三年（1129），抗战派大臣张浚就认为经营关陕是北伐中兴的起点。关陕也是金人必然要争夺的地方。张浚唯恐金人先入陕取蜀，则东南不保，于是，“请身任陕蜀之事”。朝廷委任张浚为川陕宣抚处置使。张浚到任时，“金人已取鄜延，骁将娄宿孛堇引大兵渡渭，攻永兴，诸将莫肯相援。浚至，即出行关陕，访问风俗，罢斥奸赃，以搜揽豪杰为先务，诸将惕息听命”（《宋史·张浚传》）。吴玠、吴璘，就是张浚所器重的两名勇将。

吴玠，德顺军陇干（甘肃静宁）人，从小长于骑射，懂兵法，读书能通大义。不到二十岁，即从军。在对西夏的战争中立有战功。靖康初年，三十五岁的吴玠，擢升为秦凤路第十二副将。

建炎四年（1130），金兀术从江南退师后，仍屯兵淮西，张浚恐怕金军再次骚扰东南，在西线汇合五路之师，主动出击，以牵制金军。果然，金人急调兀术入援。宋金大战于富平。这一仗宋军先胜，后由于宋将赵哲的部队逃遁，才使南宋诸军皆溃，吃了败仗。张浚退保兴州，这时吴玠和吴璘毫不气馁，收集了逃散溃兵数千人，坚守大散关东的和尚原（陕西宝鸡西南）。

绍兴元年（1131）五月，金将没立和乌鲁折从凤翔（陕西凤翔）、阶州（甘肃武都区）、成州（甘肃成县）分兵多路进攻和尚原，吴玠以几千人的兵力打退了金军数万人的进攻，赢得了保卫川陕的第一次胜利。

金兀术发怒了，发誓要擒获吴玠。十月，他亲领十万大军，在宝鸡架浮桥，过渭河，猛攻和尚原。吴玠对滚滚而来的骑兵，先是组织劲弓强弩手轮流不息地发射“箭雨”，大煞敌人的锐气；再用侧翼奇袭的办法断绝敌军粮道，使其困乏；最后估计敌人支持不住了，又设伏兵拦击退兵。这“三招”，竟把数万金军打得落花流水。兀术几乎被擒（哈佛燕京学社《琬琰集删存》卷一，明庭杰《吴武安玠功绩记》），仅以身免。和尚原大捷，致使金军不敢窥伺陕南，四川得以保全。

在东西战线相对稳定，与浙江近邻的江西巨寇李成、张用被扫平的情况下，绍兴二年（1132）正月，南宋小朝廷搬回了临安府，并且定都于临安（浙江杭州），这是宋高宗亲自作出的决定。他说："吾舍此何适？"（叶绍翁《四朝见闻录》乙集《高宗驻跸》）高宗看中杭州，是因为杭州离金人较远，比建康等地安全，即使金人渡淮越江，也可速取道海路逃跑，且杭州拥有湖山之美，便于游玩享乐。

但建都于东南一隅的临安以后，不便国家的号令迅速地传向四方，尤其是在西起川陕、东至江淮长长的战线上，当中有一段，即两湖之地，当时被游寇割据，更阻碍了政令的通达、部队的调度。

如曹成占据道州（湖南道县），马友割据潭州（湖南长沙），李宏盘据岳州（湖南岳阳），刘忠则窜扰于潭州与岳州之间。曹成、马友、李宏，都是从张用部伍中分裂出来的，其中以曹成的势力为最强盛，号称有十万之众。平时，他们相互火并；一遇官军前来征讨，则又互相支援，结为辅车相依之势。荆湖游寇如不扫平，则东线、西线不能相连，东南不能与陕、川相通，于抗金斗争和国家安危关系极大。

南宋政府决定征讨上述游寇，于是倚重于屡立战功的岳飞，任命他为权知潭州兼权荆湖东路安抚使，前往道州、贺州征讨。

岳飞的兵马出动了。

绍兴二年（1132）二月十七日，岳飞从南昌发兵。远在数百里之外的曹成，立即打听到消息，马上告诉部下："岳家军来矣！"布置分头逃窜，自留中军在贺州。岳飞沿赣江上游，穿过武功山与万洋山之间的谷地，三十日到达湖南茶陵。岳飞希望能招降曹成，派了先遣兵到郴州（湖南郴县）、桂阳（湖南桂阳），侦察曹成军有无听诏受降的动向，以决定进止。以后，岳飞又数次谕意，但曹成不听。岳飞从抗金利益出发，只好用武力征服了。

闰四月，岳飞军进入贺州。曹成已在太平场布阵数十里抗拒。一场大战即将进行。这时岳飞的部下捉到了一个敌探，送至中军帐交岳飞审问。正在审问之中，岳飞装作想起了一件事情，赶忙走出帐外。他找来管军粮的军吏，了解军粮情况。军吏回答说："粮食快吃光了，转运使还没有把粮食调来，怎么办？"岳飞着急地说："快催，要不然，只得重新返回茶陵就粮了！"讲到这里，岳飞作势发现自己走漏了军情，突然不讲了。以后，只听得他对军吏悄悄讲了几句话，又为刚才失言着急地顿起足来。岳飞重新返入帐内后，继续审问敌探。最后对敌探说："你既是本地良民，我放你回去。"

中了计的敌探立即将岳飞军"缺粮"的情报报告给曹成。曹成大喜，下令准备追击岳飞。当晚，岳飞令各营摆出丰盛的饭菜，让士兵们饱餐一顿。半夜里，岳飞军绕着小路悄悄地行军了，于第二天拂晓，突然出现在太平场，立即向游寇猛烈进攻，歼灭了全部守隘之兵，烧毁其营寨。曹成大惊而逃，奔至贺州北二十里处，又聚集三万之众，据守莫邪关。岳飞派前军统制官张宪攻关。张宪亲兵郭进，骁勇出众，力可举鼎。在攻关中，郭进不顾关口飞矢如雨，挥枪冲杀过去，一枪就把对方旗头杀死，游寇顿时阵营大乱。张宪军乘机杀进关口，攻克了莫邪关。郭进立了第一功。岳飞在阵地上解下金束带赏给郭进，以后又提升郭进为秉义郎。

岳飞军入关，游寇丢下了辎重物资、家眷老少，四处逃散。岳飞军中有一个名叫韩顺夫的军将，被胜利冲昏了头脑，违反军纪，解鞍脱甲饮酒作乐起来。曹成的猛将杨再兴率部反扑，使韩顺夫的士卒猝不及防，遭受伤亡。韩顺夫本人被杨再兴砍掉手臂，流血而死。

岳飞发怒了，责令第五副将王某，必须生擒杨再兴以赎对部下约束不严之罪。

杨再兴英勇非凡，岳飞又派后军统制王经，前军统制张宪会合第五副将王某，三路兵马追击杨再兴。杨再兴力战三将，不仅使官军无法近身，还把岳飞的弟弟岳翻也斩杀了（《会编》卷一五一，绍兴二年五月三日条；并见《系年要录》卷五十三，绍兴二年闰四月丙申条）。

曹成再次与杨再兴合兵，控扼桂岭入口的“三隘”——北藏岭、上梧关、蓬岭。三关形势险要，曹成自以为得了地利，后来者无法争夺。岳飞率军到岭下，亲自带兵出战。他打破常规，不列阵势，一鼓而上，杀声震天，锐不可当。曹成的都统领王渊招架不住，大败溃逃，曹成全军大乱，北藏岭、上梧关遂被岳飞一举而得。曹成不罢休，反复争夺北藏岭，死了很多士卒，仍不能夺回。逼得曹成作最后的决战。他从桂岭至北藏岭，布营立寨，绵延六十余里。曹成亲自坐镇第三关——蓬岭。这时曹成的兵力仍有数万，而岳飞仅有兵员八千。

岳飞调兵遣将，在蓬岭下布好阵势。十五日，也就是追击曹成的第十一天，岳飞军发起了总攻，数路兵马同时登关。曹成军吓得如鸟兽散，四面逃窜。岳飞马上召集张宪、王贵、徐庆等部将，下达命令：

> 曹成败走，余党尽散，追而杀之，则良民胁从，深可悯痛；然纵其所往，则大兵既旋，复聚为盗。吾今遣若等三路招降，若复抵拒，诛其酋而抚其众。谨毋妄杀，以累主上保民之仁。（《金佗稡编》卷五《行实编年》卷之二，绍兴二年条）

岳飞能把顽固的游寇首领与一般胁从者区别开来，不滥杀戮，这在当时的南宋将领中是不多见的。曹成往广东的连州方向逃去，张宪尾追不放。曹成穷蹙，又从连州转入湖南郴州。而王贵一路追兵又自桂阳追至郴州。曹成转身又奔向邵州（湖南邵阳）。不料，又逃不出岳飞的神算，徐庆率部自道州追至邵州。此时，三路追兵沿途招降了曹成部卒二万人。岳飞选用其将领，分粮给降卒，吸收自愿留下的精壮，壮大了队伍。曹成更加恐惧，急忙往江西方向逃窜。在江西，碰上了从福建回师的宣抚副使韩世忠部队，曹成走投无路，于是率部向韩世忠投降了。（《皇宋中兴两朝圣政》卷十一）独有郝晸、杨再兴一部拒降，率众西走沅州（湖南芷江）。后来，这部游寇也为张宪所破，郝晸受擒。杨再兴飞马纵入深涧，当官军张弓搭箭，向深涧里的杨再兴瞄准时，突然，从山涧里传出洪钟般的声音："我是好汉！当执我见岳飞！"说完这句话，杨再兴从山涧上来，甘愿受缚，由张宪带着去见岳飞。

岳飞终于擒获了有杀弟之仇的杨再兴。但岳飞是一位以抗金为重、十分爱惜人才的将军，他不计个人恩怨，见了杨再兴，二话不说，先为他松绑；然后，诚恳地对杨再兴说："我与尔是乡人，汝壮士，吾不杀汝，当以忠义报国家！"（《会编》卷一五一，绍兴二年五月三日条，个别字参照《系年要录》卷五十三改）杨再兴慨然允诺，从此成为岳飞帐下的一名勇将。以后，他跟随岳飞，英勇作战，立下了很多功劳。

岳飞雷厉风行地完成了征讨任务，朝廷以岳飞平曹成之功，授予他中卫大夫、武安军承宣使的官衔。并将韩京、吴锡、吴全所部拨归岳飞，命岳飞屯戍九江，守卫长江中游。

七月，蕲黄镇抚使孔彦舟叛归刘豫。南宋朝廷担心刘豫侵犯江淮，加强了沿江一线的防御：命宣抚使刘光世守镇江，宣抚副使韩世忠守建康，承宣使岳飞守九江。"镇江、建康、江州皆大帅总重兵。”（《中兴小纪》卷十三）年轻的岳飞已成了大战略防区的军事长官。绍兴二年，宰相吕颐浩为筹划收复中原，考虑诸大将实力时，把统兵三万、装备最好的张俊排在第一位；统军四万的韩世忠排在第二位；第三位就是拥有精兵二万三千的岳飞；第四位是声名不佳的王瓔军，有一万三千人；资格最老、战斗力最差的刘光世军被放在第五位，有四万人，其中徒吃军粮的老弱兵占了一半（《续通鉴》卷一一一，绍兴二年十一月乙巳条）。由此可见，岳飞的威望和实力，已经与老帅、宿将相提并论了。那时，刘光世四十四岁，韩世忠四十四岁，张俊四十七岁，岳飞三十岁。

20
荣宠只当路边草　壮志化作《满江红》

岳飞这几年所建立的巨大功勋，及其卓越的军事才能、严明的治军方略，使他成为朝野刮目相看的人物。绍兴三年（1133）春天，高宗特派郑壮去见岳飞，带去赏给岳飞的赐物——金蕉酒器（与赏给韩世忠的赐物同），还传诏岳飞要他带兵赴行在。皇帝要接见他了，在当时人看来，这是最高的荣誉。

就在这时，权监察御史刘大中上言：“岳飞提兵洪州，颇有纪律，人情恃以为安业。今盗贼未息，而飞既去，则民不安。”高宗采纳了他的意见。因此，岳飞未赴行在。高宗又诏命岳飞去讨平虔、吉一带的“盗寇”。

所谓虔（江西赣县）、吉（江西吉安）盗寇，其实是虔、吉一带的农民起义军。它是金兵骚扰、官军掳掠、朝廷横征暴敛、官逼民反的产物。建炎四年（1130）初，南侵金军穷追逃向虔州的隆祐太后时，沿路焚烧抢掠，给虔、吉一带造成极大的破坏；而护送隆祐太后的卫军也沿途明抢暗夺，行同强盗，激起群众的反抗。陈辛率领数万愤怒的群众，向住在景德寺的孟太后申诉。孟太后居然指使卫军杀出景德寺，“纵火肆掠”。虔州城几乎被焚烧殆尽。官逼民反，从1130年至1136年，江西农民起义的烈火，一直在延烧，“本路盗贼，虔为最，吉、抚、筠、袁次之”（李纲《梁溪全集》卷一〇四《与李尚书措置画一札子》），“一伙才了，一伙又生，无有穷已”（同上书，卷一〇六《申省措置酌情处断招降盗贼状》）。江西安抚大使朱胜非在奏章中分析农民起义的原委说：“至于江西土寇，皆因朝廷号令无定，横敛不一，名色既多，贫民不能生，以至为寇。臣自桂岭（广西桂岭）而来，入衡州（湖南衡阳）界，有屋无人，入潭州（长沙）界，有屋无壁，入袁州（江西宜春）界，则人屋俱无，良民无辜，情实可悯。”（《系年要录》卷四十二，绍兴元年二月乙酉条）朱胜非因此要求朝廷减轻赋税，实行招安。但南宋朝廷依旧征敛无度，致使江西农民起义的烈火越烧越旺。吉州的彭铁大（又称彭友）、李动天（或叫李洞天），虔州陈颙、罗闲十等领导的农民起义军，拥兵十余万，结寨五百余处，相互联结，互为呼应，声威扩及江西、福建、广东三省。

暮春三月，岳飞奉诏前去镇压，但军事费用尚无着落。坚持“不打掳”的岳飞，不得不向朝廷请求支拨给养装备。因为是平定“内乱”，高宗立即下诏，命令诸路漕臣督办军马钱粮、户部拨给岳飞做春装的绸一万五千匹、吉州榷货务转赐行军费三万缗。

岳飞争取避免流血，先派了两个辩士到彭铁大营寨去劝降，农民领袖彭铁大回答说："为我语岳承宣使，吾宁败不肯降！"（《金佗稡编》卷五《行实编年》卷之二）

这时岳飞已得到雩都北乡土豪陈瑀的密告，掌握了起义军的虚实情况（《雩都县志》卷三十《忠勇》），遂发动了进攻。起义军经过艰苦的抗击，最后失败，彭铁大在马背上被岳飞生擒；二万多老弱被俘，后被岳飞放回老家。逃散的起义军战士又聚集起来，转移到重要的据点固石洞坚守。

岳飞屯大军于瑞金县，自己率领千余骑赶至固石洞。他又派辩士对李动天劝降说："汝诚众且险，能保不败耶？"

劝降无效，又进行胁降："败而后降，吾不汝贳！"

但劝诱、威胁都不能使起义军屈服。岳飞对起义军奈何不得，遂率大军列阵山下，缺乏阵地战经验的农民起义军，又被岳飞用计打败了。许多起义者，宁死不屈，纷纷投崖，壮烈牺牲。官军攻上山后，岳飞传令军中："毋杀一人！"

岳飞没有伤害被包围的起义群众。如果是别的将帅，对这些宁死不屈的农民起义军战士，必然会勃然大怒，毫不犹豫地下令诛杀。而岳飞毕竟是农民出身，知道一些农民的痛苦，能把"土寇"与"游寇"相区别。岳飞毅然地说："此辈虽凶顽，然本愚民耳，杀之何益？"

岳飞挑选了其中一部分勇锐精壮的起义军战士，编入军中，其余统放归田里，并令地方官吏“使各安业耕种”。

棘手的事还在后头。高宗传下密旨给岳飞，要他血洗虔城，为隆祐太后在虔城受“震惊”泄愤。

岳飞接到了这一密旨，心都战栗了，无辜之民又有何罪？他拒不执行，上书高宗：“请诛首恶，而赦胁从。”高宗恶狠狠地批复：“不许！”岳飞再次上书，高宗置之不理。岳飞继续上书，坚持己见，高宗不得已让岳飞自己裁决。岳飞把彭铁大、李动天、陈颙等农民起义领袖杀害了，但保住了虔城居民不受屠戮。赣州人民为了岳飞拒旨屠城这件事，绘岳飞像挂在家中，以作纪念。八年后，岳飞被高宗、秦桧等投降派杀害，每逢他的忌日，当地人民则为他施舍钱、饭给寺庙，请和尚诵经为岳飞超度。（《金佗续编》卷二十三《襄阳石刻事迹》之二）

七月中旬，高宗知道岳飞已平定了吉、虔的农民起义，就催促岳飞“赴行在”。

岳飞同长子岳云从九江出发，九月九日到达杭州。九月十三日，岳飞第一次觐见皇帝。高宗很是高兴，当面夸奖了岳飞一番，并赐给岳飞金线战袍、金带手刀、银缠枪、一匹战马外配海皮鞍，还有衣甲、弓箭、马铠各一副。赏给岳云弓箭、战袍、银缠枪。此时，岳云年方十五，少年英迈，已戴甲上过战场了。还特赐岳飞一面绣着高宗手书“精忠岳飞”四字的旌旗，令岳飞在行军时务必竖起。这既是对岳飞数年来效命赵氏王室所立战功的嘉奖，也是对岳飞尚有抗旨行为，未能完全尽忠于高宗的鞭策。

高宗还提醒岳飞不能醉酒误事，要他戒酒。

驻军南昌时，岳飞与江南兵马钤辖赵秉渊对饮，喝得酩酊大醉，醉后痛打了赵秉渊。当时的江西安抚大使李回弹劾岳飞醉酒打人，违犯军纪。今天高宗往事重提，弦外之音就是要岳飞记住朝廷对此事不加追究，乃是皇恩浩荡，日后当铭刻图报。

岳飞的官衔由遥郡承宣使擢升为正任镇南军承宣使（正四品）、江西沿江制置使。不久，迁为江南西路舒蕲州制置使，在江州置司，独立建置帅府。划归岳飞军事防守的范围扩大了，跨越长江北岸，自舒州至蕲州，直联中原腹地，方圆达数百里。

岳云封为保义郎阁门祗候。

岳飞的部将张宪、王贵、姚政、杨再兴等二十四人，都因功升了官。

皇帝说他建有“殄寇之功，驭军之略”，“为后来名将”（《金佗续编》卷三《辞免镇南军承宣使不允诏》），岳飞确实已显名当代，受到从朝廷到地方州府的尊敬。他的地位升高了，职权扩大了，荣誉得到了。可是，从杭州返回九江的路上，岳飞却闷闷不乐。还缺少什么呢？当时的多数士大夫解不开这个谜，即使他身边的幕僚，也不知道岳飞内心的底蕴。

在一个秋雨初停的日子，岳飞在大江边的一座楼阁上凭栏北望，站了好久，感慨欷歔，怆然涕下。他命手下摆置笔墨，一口气写下了《满江红》词：

怒发冲冠，凭栏处、潇潇雨歇。抬望眼，仰天长啸，壮怀激烈。三十功名尘与土，八千里路云和月。莫等闲、白了少年头，空悲切。

靖康耻，犹未雪。臣子恨，何时灭。驾长车、踏破贺兰山缺。壮志饥餐胡虏肉，笑谈渴饮匈奴血。待从头、收拾旧山河，朝天阙。

这首词，道出了岳飞郁郁不乐的所在。岳飞并没有满足于已建立的功勋，他想到的是江北八千里江山，仍在金人蹂躏之下，尚未收复。比起统一的大业，已经取得的这些功勋荣耀，轻微得如同尘土，何足挂齿。他激励自己不要踌躇满志，蹉跎岁月，以致老死时空叹壮志未酬，有愧中原父老期望。这首词，抒发了岳飞对敌人的刻骨仇恨，对祖国的热烈情怀；表达了不驱逐敌人，不收复故疆决不罢休的冲天壮志。由于这首词充满了强烈的爱国精神，艺术上又十分完美，遂成为千古绝唱。

岳飞回到九江。正是在这一年，他定下了“连结河朔”（《金佗续编》卷十一《令遣发参议官高颖措置三路忠义军马省札》）的战略，开始了恢复中原的大业。

21

高瞻远瞩连结河朔　讨伐伪齐收复六郡

以临安为国都，苏南、浙江、闽北便成了京辅，而处在江淮之间的皖北、苏北，就成了捍御东南的屏藩。因此，南宋政府渡江南来后就始终注重江淮地区的防守。绍兴三年（1133），诏韩世忠、刘光世在建康、镇江置帅府，屯兵十万。经此部署之后，朝廷认为“可恃以安”。（赵鼎《赵忠简公鼎奏札·措置防秋事宜》，载《金佗续编》卷二十九）

在西线，绍兴四年（1134）春天，金兀术又率十多万大兵猛扑仙人关。金军为了示将士非攻入四川不可的决心，自统帅以下，“尽室以来”。吴玠针锋相对，在仙人关西筑起“杀金坪”堡垒，严阵以待。吴璘又自阶州领兵来援，经过七天七夜转战，在“杀金坪”与吴玠会师。兄弟俩并肩战斗，终于打退了金军拼死的进攻。此后，金军退据凤翔，屯田养兵，作固守之计，五年未敢轻动。西线稳住了。

绍兴四年夏天，中线狼烟滚滚，局势日益严重。

在金人扶植刘豫伪齐政权前后，京西、河朔忠义民兵，始终坚持抗金和打击伪齐政权的斗争。像河南的翟兴、翟琮、董先、牛皋；襄、邓地区的李横、李道、谭充等人，他们“守一方，三面邻敌”，“披荆榛，守孤垒”。不仅如此，当金军主力投入西部战场时，他们又乘机发动进攻，乘虚收复洛阳、汝州（河南临汝）、颍昌和朱仙镇（开封西南），并派人与南宋政府联系，要求派兵接应，准备收复东京（已成为伪齐京都）。

绍兴三年冬，刘豫向金人讨救兵，金军与伪齐合兵进攻义军。由于缺粮、缺援兵，义军支持不住，已收复的地方相继失守，自襄阳、邓州一线撤出。李横、翟琮、牛皋、董先、李道等撤向长江南岸。战略重镇襄阳（湖北襄樊）于是落入伪齐李成手里。

中线形势顿时紧张起来了。金军进攻仙人关失败以后，用兵重点转移到中线；刘豫也蠢蠢欲动，准备大举南侵。中线面临着严重威胁。

迫切的问题是：南宋朝廷必须赶紧选定中线防守的主帅。

江西安抚置大使赵鼎，提出要调换驻鄂州（武汉）、岳州（岳阳）的帅臣，并提议要岳飞驻防鄂州、岳州。然而，朝廷没有同意，却派了资历较高的神武前军统制王瓔驻屯鄂州。

从此，可看出朝廷虽对岳飞器重——派他屯戍九江，但在交付指挥中线的重责问题上，对岳飞的才干还缺乏充分的估计。

其实岳飞对中线防御早已注意，在中线出现危急之前，已对敌情进行研究。他不主张在内线消极地以保守城池为主的方针，而是主张外线作战，收复中原，从根本上解除战争威胁的战略。

当义军首领李横还在襄、邓一带斗争的时候，岳飞已确定“连结河朔”的方针，派出张宪赴襄阳与李横联系，以便进军时得到他们的军事配合。

如今李横、牛皋、董先、李道、翟琮等义军首领已被迫退师到汉阳军界，然而湖北安抚使刘洪道拒绝收留；岳飞挺身而出，连忙发信给赵鼎，提出“李横等，已至蕲、黄州，一行兵马既经溃散，若在江北驻扎，必不能安，或令过江，相兼捍御，却可为川”。赵鼎采纳了岳飞的意见，“遂急差官水陆干运粮米起发”，并发公文让岳飞“从长措置”。（《金佗续编》卷二十九《乞支钱粮赡给李横军兵》）

李横等原来就担心自己并非官军，怕“诸郡不纳”，现在，刘洪道果然不肯收留，正感到走投无路，赵鼎遣送的粮食运到了，部众才安定下来。

当岳飞得知李横已从黄州渡江到南昌时，亲自飞骑至南昌迎接。朝廷有命：将李横、牛皋等南归义军拨归岳飞节制。于是，牛皋、董先、李道等都成了岳飞的部将。岳飞考虑到义军在困苦环境中能坚持战斗，英勇可用，而且熟悉当地的地理、民情，更具有一定的号召力，在未来进军中原、收复失地的北伐战争中，可以发挥他们的长处，因此十分重视义军。可见岳飞高瞻远瞩，谋略高人一等。

正当朝野为中线防御忧心忡忡的时候，岳飞却呈上一道《乞复襄阳札子》，提出收复襄阳六郡的主张，大出人们的意料。岳飞指出："今日之计，正当进兵襄阳，先取六郡。"

要守住中线，安定两湖民心，必须夺回襄阳六郡（襄阳府、郢州、随州、唐州、邓州、信阳军）；要恢复东南和川陕的联系，从全局加强抗金的防御，也必须收复襄阳六郡；要收复中原，实现中兴根本大业，更必须收复襄阳六郡。岳飞认为："襄阳六郡，地为险要，恢复中原，此为基本。臣今已厉兵饬士，惟俟报可，指期北向。"（《金佗稡编》卷十《家集》卷之一《乞复襄阳札子》）

高宗和宰执大臣讨论，认为收复襄阳计划可行。派谁挂帅出征呢？高宗提出："就委岳飞如何？"

参知政事赵鼎回答十分干脆利落："知上流利害，无如（岳）飞者！"

签书枢密院事徐俯却不同意，他认为岳飞身为大将独当一面的资历还太浅，不能完全信赖。当时，朝廷中对岳飞能否担起这项重责抱有怀疑的人，不在少数。

迫于形势，高宗最后下了决心，把收复襄阳的任务交给了岳飞。

但高宗的想法和岳飞不同。岳飞志在收复中原。高宗是为了保住长江防线，保住南宋小朝廷，并赢得一点议和的资本。因此，岳飞部队尚未出发，高宗就亲赐御札，要岳飞“追奔之际，慎无出李横所守旧界”，他怕追得太远，会“致引惹，有误大计”（赵构《命岳飞毋出李横所守界》，载《金佗稡编》卷一《高宗皇帝宸翰》卷上），即唯恐招惹金人发怒，耽误议和“大计”，否则，“虽立奇功，必加尔罚”。

三省、枢密院（中央行政、军政的最高机构）“同奉圣旨”给岳飞下的命令更露骨，规定了三个“不得”，即不得越出六州军界，不得追远，不得称“提兵北伐或言收复汴京”。还规定襄阳收复后，大军退回江上屯驻。

绍兴四年五月，岳飞被授命为江西舒蕲制置使兼黄复州汉阳军德安府制置使，率领大军浩浩荡荡地出发了。对于朝廷只限收复襄阳以及其他的规定约束，岳飞是不满的，但这次提军北上，却是恢复中原的第一步，因此，也是实现岳飞的宿愿的开始，所以岳飞还是十分兴奋的。

岳飞在船上对幕僚们说：“某（飞）不擒贼，不涉此江！”

岳飞刚毅的意志，英雄的气概，感染、鼓舞着将士们奋勇前去杀敌。

从南宋政府建立以来，主动出击还是第一次。朝廷为此作了周密的军事部署：命韩世忠屯兵泗上；命刘光世出兵万人向陈、蔡进发，作为右翼，配合岳飞；还命川陕宣抚副使吴玠出兵进攻在陕西的伪齐军，以分散敌人力量。

岳飞大军过江后，立即攻打郢州（湖北江陵北）。岳飞身为统帅，亲冒矢石，跃马环城侦察地形。伪齐郢州守将京超，以勇猛闻名，号“万人敌”，列阵以待。岳飞命张宪责问京超为何叛从刘豫，京超的军师刘楫恬不知耻地回答：“今日各事其主，毋多言也！”

对如此无耻的汉奸，岳飞怒不可遏，下令拔城后，生擒刘楫。第二天黎明攻城，士兵搭人梯登上东北角的敌楼，攻进郢城，杀敌七千多，京超投崖而死。刘楫果然被活捉，岳飞喝令他面朝南跪下，责之以大义，亲自处决了这个败类。第一仗旗开得胜，收复郢州。

接着派张宪、徐庆攻随州。伪齐守将王嵩顽抗一个多月，随城未能攻克。刚加入岳飞军的牛皋主动请战，提出三天内把城攻下。诸将以为勇谋兼备的张、徐两将军都久攻不克，猛将牛皋不过是徒托大言。但岳飞却赞扬和批准了牛皋的请战。牛皋携带三天军粮，率军猛攻随城。因牛皋曾在这一带抗金，又有张、徐两将的配合，果然不等三天军粮吃完，竟攻克随城，俘虏五千人，生擒王嵩。论功行赏时，牛皋归头功于张宪。他诚恳地说：“我心里想到的是国家大事，别无争功较长的意思。”

当时，岳云才十六岁，也参加了攻随城的战斗，他手持两锤，重八十斤，左右挥击，英勇杀敌，首先登城。从此，岳云以勇冠三军闻名。

收复郢州后，岳飞挥师直指襄阳。伪齐大将李成引军出城四十里，左临襄江列阵迎战。岳飞察看了李成的阵法，笑着对部下说："此贼屡败吾手，吾意其更事多，必差练习，今其疏暗如故。夫步卒之利在阻险，骑兵之利在平旷。成乃左列骑兵于江岸，右列步卒于平地，虽言有众十万，何能为？"

岳元帅举起马鞭，指着王贵下令："尔以长枪步卒，由（李）成之右，击骑兵！"指着牛皋下令："尔以骑兵由成之左，击步卒！"（《金佗稡编》卷六）

牛皋、王贵一左一右，率步骑兵合攻李成军。李成骑兵不能展开，被岳飞军步兵用长枪纷纷刺翻，向江边溃逃，王贵步兵追来，于是连人带马掉入江中。李成的步军则被牛皋的骑兵冲得七零八落，死伤不计其数。李成连夜率残部逃遁。襄阳府收复了。

李成得到刘豫增兵后，又以三十万之众屯兵新野（河南新野），准备再战。岳飞先派王万率一路军驻清河水，作为诱饵，自己率兵于后迤逦跟去。李成果然中计，他倾三十万之众，猛扑王万军；岳飞军及时赶到，与王万军会合，夹击李成军，取得了胜利。第二天复战，岳飞又大胜。王万乘胜追击，直杀得李成军横尸二十余里。

七月，岳飞进兵邓州。这时伪齐军会合金军在邓州西北列营三十余所，共守邓州。岳飞指挥王贵、张宪、王万、董先，分数路出击，敌大败，金将刘合孛堇只身逃走，岳飞军生擒伪齐邓州守将高仲。至七月二十三日，接连收复唐州和信阳军（河南信阳）。

从五月初五至七月二十三日，岳飞仅用两个多月的时间，就收复了襄阳六郡大片地区，充分显示了岳飞卓越的统帅才能和岳家军的强大战斗力。

捷报传来，轰动都城。按预定计划收复失土，在南宋还是第一次。朝廷准备举行隆重的"献捷之礼"。高宗不胜感慨地说："朕素闻飞行军极有纪律，未知能破敌如此！"（《系年要录》卷七十九，绍兴四年八月癸未条）

岳飞被提升为清远军节度使、湖北路荆襄潭州制置使，不久又晋封为"武昌县开国子"。朝廷以王𤫉无功，把王、岳的防区作了对调，由王𤫉守江州，岳飞屯驻鄂州。岳飞不但接替了老资格王𤫉的军事辖区，所管辖的范围也比原来大得多，担当起了防守中部战线的主要责任。

建节封侯，这是封建社会崇高的恩典。宋室南渡以后，享有节度使衔的武臣，为数不多，只有刘光世、韩世忠、张俊、吴玠等几员大将。而几年前还是下级军官的岳飞，如今只不过三十二岁，其战功与恩荣也为宋代历史上所罕见。

多少文武官吏带着钦佩的心情，羡慕岳飞的荣宠。因为荣华富贵正是他们孜孜以求的目标。基于此，早在岳飞出征前，宰相朱胜非就派人转告岳飞："凯旋喝庆功酒之日，当封你节度使！"岳飞听了，却愕然地说："丞相待我为什么如此菲薄呀！"他请使者转告朱胜非："我岳飞禀命大义，不为利动。收复襄阳，是君王授命的国家大事，如果克捷而不授节度使，难道我岳飞就不干了？”朱胜非不理解岳飞的胸怀，按常例，对岳飞也以功利相激，为此，岳飞感到受了侮辱，认为丞相待他太菲薄了。

襄阳大捷后，岳飞上书高宗，主张乘胜一鼓作气，“以精兵二十万直捣中原，恢复故疆”。但高宗没有采纳，他所需要的仅仅是守住长江防线。所以，战事一结束，马上召岳飞回屯江上。

襄阳大捷，在南宋抗金史上具有重要地位。岳飞收复襄阳六郡，从此控扼了长江上游，东可进援淮西，西可联结川陕，北可图复中原，南可屏蔽湖广，具有重要的战略意义。其功勋可与韩世忠镇江大捷、吴玠和尚原大捷相匹敌。

刘豫失去了襄阳六郡，又恨又急，连忙向金告急，请派兵南侵。秋天，金出兵五万与伪齐合兵，号称共七十万联军，对南宋发动了大规模的进攻。然而，他们不敢去争夺襄阳六郡。

起初，金军诸大将提出，入淮西占领合肥，再从采石渡江南下。以后，“又虑岳飞之军，自襄阳出攻其背”（《系年要录》卷八十，绍兴四年九月乙丑条），他们不敢从淮西渡江，于是，决定由开封向东南走徐州，到泗州渡淮河，在扬州渡江南下。这条路线直冲刘光世、韩世忠守御的东线。由此可见，金、齐军不敢对岳飞守御的中线进攻，甚至在选择其他进军路线时，也要远远地避开岳飞的防区。

金、齐南侵军，在江苏大仪（扬州西）、承州，被韩世忠连连打败。岳飞也派兵援淮西，以二千步兵击败金骑偏师五千之众，收复庐州（合肥）。金军南侵受阻，被迫退兵。伪齐军见金兵后退，以一昼夜三百里的高速度溃逃。

这一次金军南侵失败表明：韩世忠守东线，足以御敌。岳飞守中线，金军不敢窥图。中线自岳飞挂帅，始终无恙，不必担忧了。人们对年轻的岳元帅的才干完全信赖了。

岳飞在鄂州投入了紧张的北伐经营。

难得半日闲的岳飞，有一天登上了长江边的黄鹤楼。他遥望金统治下的北方，满怀悲壮又写了一首《满江红》的词——《登黄鹤楼有感》：

遥望中原，苍烟外、许多城郭。想当年，花遮柳护，凤楼龙阁，万寿山前珠翠绕，蓬壶殿里声歌作。到而今、铁骑满郊畿，风尘恶。

兵安在？膏锋锷。民安在？填沟壑。叹江山如故，千村寥落。何日请缨提劲旅，一鞭直渡清河洛！却归来、再续汉阳游，骑黄鹤。

22 受命镇压杨么　白璧留下瑕疵

绍兴五年（1135）二月，岳飞自池州（安徽池州）赴杭州觐见皇帝。高宗赐岳飞银二千两、帛二千匹，封其母姚氏为福国太夫人，妻李氏为福国夫人。这既是赏岳飞援淮西之功，也是为了不久改任岳飞为荆湖南北襄阳府路制置使，封其为武昌郡开国侯，命他镇压湖南洞庭湖农民起义。

洞庭湖钟相、杨么领导的农民起义，爆发于建炎四年（1130）。它波及湖南、湖北两路，起义群众多达二十万人（王明清《挥麈录》卷三《建炎荆州遗事》），为时达六年之久。它是宋代三大农民起义之一，无论在当时以及对后世影响都很大。

起义最初的领导人是钟相，鼎州武陵（湖南常德）人，早在北宋末年，他利用治病、宗教在民间进行革命活动，宣传“法分贵贱贫富，非善法也。我行法，当等贵贱、均贫富”（《会编》卷一三七，建炎四年二月十七日条）的思想，逐渐组织起一个社团。当酝酿起义的时候，金军入侵，宋金战争爆发了，激于民族大义，钟相高举爱国抗金的旗帜，把指向赵宋王朝的矛头转向金军。京师被围的消息传来时，钟相毅然地派儿子钟子昂率领三百民兵去东京“勤王”，没料到，徽、钦二帝宁愿割地求和，也不敢抗金，钟子昂所率的“勤王兵”和各地的勤王兵一样，被遣散回籍。

南宋王朝建立后，高宗赵构仍然采取妥协投降的政策，致使金人步步进逼，越过了长江，闯进了两湖、江西。金军的破坏已惨不堪言，接着李成、李宏、马友、曹成等游寇以及征讨游寇的宋军的轮番骚扰，加上地方官府横征暴敛，将广大的荆湖地区洗劫得“郡邑凋残”，“田畴荒芜”，“十室九空”，游寇“无物可寻”，甚至“以人为粮”。

当建炎四年金军在长沙大肆烧杀的时候，游寇孔彦舟跟在金军的屁股后，闯进澧州（湖南澧县）打家劫舍。人民忍无可忍了，在钟相号召之下，以打孔彦舟为名，高举起了义旗，数日之间，得到鼎、澧、潭、峡、岳、辰六州和荆南府所属的十九个县群众的揭竿响应，建立了楚国，推钟相为楚王，以“均平”号令起义地区，保护“执耒之夫”（胡寅《斐然集》卷十七《致张德远书》）。他们烧官府、杀官吏、打爷儿（游寇）、斩土豪，与南宋政权相抗争。

当钟相、钟子昂被孔彦舟派人刺杀后，起义军首领杨么（本名杨太）负起了楚国军政领导的重任。绍兴三年（1133），他自号“大圣天王”，立钟相少子钟子仪为太子，建立起洞庭湖根据地。南至长沙、北达江陵、东至岳阳、西到常德的大片地区，都成了农民起义军的活动范围。农民起义军采取“陆耕水战”的体制，有力地保护了起义地区人民的生产和生活。

卧榻之侧，岂容他人酣睡？这是一切剥削阶级最高统治人物的信条。杨么的楚国近在肘腋，南宋朝廷必然把它视为“心腹蓄毒”（《系年要录》卷八十五，绍兴五年二月壬辰条），高宗宁愿向金国步步退让，而对杨么的楚国则必须千方百计地予以消灭。

在镇压起义军过程中，南宋政府使用了剿、抚两种手法。鼎州太守程昌寓、参知政事兼荆湖宣抚使孟庾、湖广宣抚使李纲、荆南镇抚使解潜等朝廷大员和地方守臣，派出一批又一批的人去招安，妄图用高官厚禄瓦解起义军。结果，去招安的人，“杨么皆杀之”。

伪齐太尉李成以为有机可乘，连忙派使者去洞庭湖联络，许愿道：降齐可“得州者做知州，得县者做知县”，事成“裂地而王”。他一而再地派人去劝说，并且带去了大量的官告（委任状）、金束带、锦战袍、羊耙等礼物。结果，伪齐的使者统统被起义军“尽行杀戮，沉尸入江中”。（鼎澧逸民《杨么事迹》，载《金佗续编》卷二十六）

招抚不行，南宋政府立即采用武力进剿，命程昌寓充鼎澧镇抚使率兵镇压起义军。程昌寓刚一进入义军活动区的鼎州，便遭到农民起义军的“拦截”，“官军不能措手，痛遭杀害”。程昌寓逃得快，仅以身免。

以后朝廷又派刘安抚、孟执政、李宣抚前去镇压，但统统不是起义军的对手。

绍兴三年六月，朝廷改派神武前军统制王瓔为制置使，率兵征讨，又派了御前忠锐第一将崔增、水军统制吴全率领水军配合，水陆共计六万兵马前往洞庭湖围剿。结果又被起义军打得大败。王瓔灰溜溜地逃回鄂州。朝廷因王瓔丧师，罢了他的军职。

这就是南宋对洞庭湖农民起义军五年剿抚的结果："招安之人屡遣，而大半不还；水陆之师每进，而无敢深入。"（《系年要录》卷八十五，绍兴五年二月壬辰条）

正是在这样的背景之下，高宗丧心病狂，将岳飞精锐部队从抗金战场上撤出，调往洞庭湖，镇压坚持抗金立场的杨么起义军。宰相张浚亲自出任监军。

在抗金问题上，南宋政府中存在着抗战派与主和派的斗争；但在镇压农民起义问题上，两派的立场则完全一致。作为主和派头子的高宗，恨不能把起义军杀尽诛绝。抗战派大臣张浚叫嚣："洞庭实据上流，今寇日滋……为腹心之患，不先去之，无以立国。"岳飞所奉行的信条是："内寇不除，何以攘外？"

绍兴五年（1135）五月，张浚、岳飞到达洞庭湖地区。他们所采取的方略，仍然是剿、抚结合。

岳飞数万大军屯于鼎州城外，置寨列舰，严密封锁消息。然后，派使臣打进水寨去劝降。那些被派遣的使臣，想到以往去招安者的下场，吓得发抖，纷纷跪在地上向岳飞叩头，请求免去这个差使。岳飞十分自信地说："吾遣汝，汝不死！"这些使臣只好将信将疑地去了。他们刚望到起义军水寨，就大声呼叫："岳节使遣我来！"

果然有些营寨把岳飞使者接了进去。起义军的重要首领之一黄佐读了岳飞的招抚榜之后害怕了，他与部下商量，说岳飞"号令如山"，"若与之战，万无生全理，不如速往就降"等等。于是黄佐投降了岳飞。岳飞立即上报朝廷，给黄佐升了官，"赏赐特厚"。抚慰一番后，仍遣黄佐归湖中去招安。又有起义战士三百余人来降，岳飞照例赏赐一番，还对他们不加管束，任他们自由走动，有的重新回到湖中，岳飞也不加追究。过几天，"又有二千余人来降"。这一手，就这样地在反复进行着。

参政席益对岳飞的做法产生了严重怀疑，他对张浚说："岳侯得无有他意，故玩此寇？"张浚是了解岳飞的用心的——能招安尽量招安，少流些血。于是笑着回答说："岳侯忠孝人也，足下何独不知？用兵有深机，胡可易测？"

但起义军中动摇投降的毕竟是少数。六月初，岳飞决心用兵镇压了。正在这时，朝廷急诏张浚回朝，以筹划防御金兵秋天南下之计。张浚环绕洞庭湖一周，窥看了起义军森严的布防，感到进攻时机尚未到来。他召岳飞回长沙，商议暂时撤兵。但岳飞却向张浚汇报了具体的进攻部署，竟说八天之内全部破寨。

对岳飞的军事才干，张浚是钦佩的，但岳飞说八天破寨，为时如此之短，觉得未免言过其实。张浚严肃地对岳飞说："君何言之易耶？王四厢（瓔）两年尚不能成功，乃欲以八日破贼，君何言之易耶？"岳飞微笑着回答道："王四厢以王师攻水寇则难，飞以水寇攻水寇则易。湖寇之巢艰险莫测，舟师水战我短彼长，入其巢而无向导，以所短而犯所长，此成功所以难也！若因敌人之将，用敌人之兵，夺其手足之助，离其腹心之援，使桀黠孤立，而后以王师乘之，覆亡犹反手耳！"

张浚听了岳飞这段话，觉得也有道理，决定暂缓回朝。岳飞回到鼎州，立即召见将军任士安。任士安原是王瓔的部下，此前王瓔征讨杨么时，他不听王瓔指挥，自行其是；王瓔兵败，他负有一定的责任。现在岳飞往事重提，命军卒抽打他一百鞭子，折了他的骄气。然后命他率领本部人马在三天之内攻下水寨，不然的话，拿头来见！

任士安是杨么的手下败将，起用败将去打头阵，岳飞部下将领感到不可理解。任士安本人更胆战心惊。当他率领士卒接近起义军兵寨时，就命士卒大声呼喊："岳节使兵二十万至矣！"

起义军发觉任士安大呼大叫不过是张扬声势，以掩盖其胆怯，实际上并无岳飞大军在后，于是合兵与任士安军大战。任士安知道岳飞军令森严，不得不拼命死战。到第三天，正感难以抵挡，突然，四下里喊声大起，岳飞亲率大军包围过来了，经过激战，攻下了起义军的永安寨。岳飞带兵乘舟拥入水寨。这时，经黄佐劝降，起义军的将领杨钦也来投降。岳飞十分高兴，认为起义军的“腹心溃矣”。张浚立即授予杨钦武略大夫的官职。杨钦一军有三千多人，舟船四百多艘，这一投降，使起义军受到了重大损失。岳飞把杨钦部下的强壮兵编入军中，放走老弱，拨给土地耕种，安置就业，试图以此动摇起义军军心。

起义军领袖杨么坚守总部营寨。杨么不愧为智勇双全的农民英雄。他曾运用车船战击败了官军一次又一次的进攻，使起义军在南宋王朝的腹心地域坚持战斗达六年之久。起义军的车船，最大的有三层楼那样高，可载千余人，船身两边装置着车轮，用脚踏车，“以轮激水，疾驶如飞”。船上还装置着撞竿，长十余丈，一头挂巨石，一头系在辘轳上。这些战船一遇官军又小又矮的战船，就放撞竿，一击便把官军战船击碎。起义军还有一种叫木老鸦的武器，二尺来长，两头削尖，也用来居高临下地打击敌人，威力很大。但车船水战，以湖水越满越好；湖水干涸，则车船行动不利。不幸，这一年夏天大旱，岳飞军又决堤放水，洞庭湖的水位更浅了，遂使起义军高大的车楼船行动困难，发挥不了原有的威力。

岳飞统领牛皋、傅选、王刚几员部将，亲率帐下精兵向龙阳县江北起义军总部水寨进发。协同作战的还有鄂州水军一部。这一回，由于岳飞以优势的兵力临阵，杨么终因兵力太少，孤寨无援而战败。杨么被擒后，壮烈就义。

岳飞从长沙回鼎州进攻起义军，到攻破起义军最后一座堡垒，前后正好八天。

岳飞镇压了杨么农民起义军，俘获近二十万人。鲁莽的牛皋主张“略行洗荡，使后人知所怕惧”。岳飞坚决不同意，他说：“杨么之徒，本是村民，先被钟相以妖怪诳惑，次又缘程吏部（昌寓）怀鼎江劫虏之辱不复存恤，须要杀尽以雪前耻，致养得贼势张大。其实只是苟全性命，聚众逃生。今既诸寨出降，又渠魁杨么已被显诛，其余徒党，并是国家赤子。杀之，岂不伤恩？有何利益？况不战屈人之兵，而全军为上，自是兵家所贵。若屠戮斩馘，不是好事。但得大事已了，仰副朝廷好生之意，上宽圣君贤相之忧，则自家门不负重责，于职事亦自无惭也！”牛皋听了，心悦诚服，连声喊道：“不得杀！不得杀！”（《金佗续编》卷二十六《杨么事迹》）

岳飞挑选了好几万精壮的起义军战士编入军队中，大大增强了部队的战斗力，加强了抗金的力量。十几万老弱，按照他们自己的意愿，“给米粮”，归田就业，然后把三十余所营寨焚烧。

洞庭湖的农民起义军，其主力终为岳飞所收编。岳飞之所以能做到这一点，是因为钟相、杨么起义军本来就是抗金的，岳飞又是爱国抗金将领；此外，在封建社会里，岳飞算得上一个清官、好官，能采取一些妥协让步措施，使阶级斗争有所缓和。

必须指出，作为封建王朝的高级将帅的岳飞，忠实地执行了君王的命令，镇压了声势浩大的钟相、杨么农民起义，杀了不少起义军将士，其主要罪责，纵然不能由岳飞来负，但岳飞也回避不了应负的责任。

23 岳家军长驱伊洛　宋高宗釜底抽薪

从靖康之祸以来，经过了十年的外御内讨，至绍兴五年（1135）下半年时，南宋的军事力量大有增强，政权开始稳定下来。

但是，徽、钦二帝仍旧幽禁在金国，金人仍旧占领着淮河以北地区，伪齐刘豫也盘踞着中原，南北依然分裂。这些仍然是南宋臣民的耻辱和痛苦。

南宋爱国志士要求进取中原、收复故土，迎二帝、雪国耻的呼声愈来愈高了。比如，有些士人在科举应考对策时，对朝廷抗金十年无所作为流露不满，提出了自己的主张。进士黄中甚至斗胆地指责高宗："人生天地之间，如白驹之过隙。所谓十年者，岂可多得？……然臣恐陛下有思念忧惧之言，而未有思念忧惧之诚心也。"（《系年要录》卷九十三，绍兴五年九月乙亥条）

黄中的指责可谓击中了高宗言行不一的要害。但是高宗自有他的如意算盘，自有他的驾驭臣民之术。这时他觉得民心可用，也正在作出一副要进军的姿态。

当张浚、岳飞镇压了洞庭湖农民起义以后，高宗分别给张浚和岳飞手札，称赞张浚说："天其以中兴之功付卿乎！"对岳飞更是大加嘉奖，并在手札中特别提了一句："腹心之患既除，进取之图可议。"接着，高宗又擢升岳飞为检校少保，荆湖南北、襄阳路招讨使，不久，又改武胜定国军节度使、宣抚副使，令岳飞移军京西，置司襄阳。

与此同时，高宗还跟宰相张浚面议了北伐大合兵的军事部署。时间是在绍兴六年（1136）春天。军事部署是这样的：韩世忠自承州、楚州出发，准备夺取伪齐占领的淮阳（江苏邳州）；岳飞进屯襄阳，准备直捣中原；刘光世屯合肥（安徽合肥）以牵制伪齐军；张俊屯驻盱眙（江苏北部，位于淮河边）作策应。这个以岳、韩为进攻主力的部署，体现了张浚独称韩、岳"可以倚办大事"的思想。张浚对岳飞怀抱收复中原的雄心是理解的，他对岳飞说："此君素志也！"（《宋史·岳飞传》）

对这个军事部署，岳飞、韩世忠等大将以及朝中主战大臣都非常兴奋。尤其是岳飞，加紧筹措军务、研究进攻路线，十分忙碌。这时的岳飞军，由于吸收了杨么起义军中的大量战士，增加了朝廷拨归节制的韩京、吴锡、李山、赵秉渊、任士安诸部，加上前前后后吸收的来自金统治区的抗金义军，如牛皋、董先率领的河北义军、京西义军和河朔的义军，赵云率领的河东忠义军，以及由梁兴率领的太行山义军，使岳家军成为一支具有强大战斗力的抗金武装。

左右两翼的北伐开始了。

右翼，韩世忠自楚州渡淮北上，长驱直入，攻下宿迁。但攻淮阳军时，由于伪齐军防守严密，韩世忠攻城六天不能下；到了第七天，金军援兵赶到，韩世忠只得退兵楚州。过了两个月，韩世忠与金人再战于淮阳军，这次因张俊害怕韩世忠并吞他的部众，不肯派兵增援，韩世忠无功而还。东线北伐受阻。

左翼，正当岳飞准备出征时，岳飞的母亲病故。岳飞向朝廷禀告“母忧”，等不及朝廷批复，就扶护灵柩往庐山葬母去了。葬后，岳飞又接连上表，请求准予守孝。父母死了，朝臣必须解职回家，守孝三年，这本来是封建社会尽孝道的陈规旧例，谁也无法违背，然而，形势确实不允许身寄一路军事重任的岳飞在庐山守孝。江西制置大使李纲已为岳飞军北伐筹集了部分钱粮发往郢州（湖北钟祥）（《梁溪集》卷八十六《乞催起岳飞兵马札子》）。郢州与伪齐相邻，如不出军，粮道有可能遭到伪齐的袭击，耽误大事。因此朝廷累诏岳飞“起复”，返回部队。五月底，岳飞返回襄阳。

七月，岳飞军从襄阳出发北伐了。临出发前，朝廷又授岳飞河东宣抚、节制河北路的职权。岳飞早已提出并且也早已实行着“连结河朔”的方针，因此，岳飞在两河地区声名远播。由岳飞去收复两河地区，自然是最得人心的。

岳家军分兵两路（《梁溪集》卷八十九《乞降诏诸帅持重用兵札子》），一路往东北方向，由十分熟悉京西地形的牛皋统领，直插汝水边的镇汝军（伪齐州名，北宋时名为汝州）（王曾瑜《岳飞几次北伐的考证》，载《文史》第六辑）。曾在汝州鲁山县宝丰村打败过南侵金军的牛皋，今日率部重返故地，精神抖擞，一战就大败伪齐镇汝军守军，生擒素称骁勇的伪齐守将薛亨，攻下汝州。接着又乘胜攻克颍州，为岳家军北伐建立了头功。

另一路，由王贵、郝晸、董先、杨再兴等领兵，往西北方向，沿汉水、淅水北上，穿过熊耳山，攻取了卢氏县，进入商洛地区。然后又分兵西取商州（陕西商县）、虢州（河南灵宝），东取伊阳（河南嵩县），一路缴获粮食十五万石，降众数万，又获大胜。

岳飞的骁将杨再兴率部进攻伪齐重兵防守的长水县（河南长水，位于伊水北）。八月十三日，杨再兴与伪齐的孙都统、后军统制满在激战于业阳。杨再兴猛打猛冲，杀敌五百余，斩获孙都统首级，生擒后军统制满在及士卒一百余，伪齐数千守军立即惊溃。八月十四日，伪齐顺州（北宋时名伊阳）安抚张宣赞亲自出马，统兵二千与杨再兴战于孙洪涧，杨再兴鼓舞士卒，涉河斗敌，一鼓作气，将敌杀散。于是杨再兴部收复了长水县。此次战斗，夺到马一万匹，粮一万余石，除供给宋军食用外，其余散给民众。

商州、虢州、卢氏、长水、伊阳等地，位在黄河南岸，伊水、洛水之间，山林密布，是洛阳西面的险要地段，也是两河忠义民兵活动的根据地之一。这一地区的收复，东向可以进取洛阳、开封，西向可以经营关中，北渡黄河直捣幽燕，战略意义十分重大。

岳飞军在短短的时间内，所向披靡，取得了攻城略地的巨大胜利，这与他北伐之前已连结河朔忠义民兵有很大关系。用岳飞自己的话来说：“相州之众尽结之矣！”（黄元振编《岳武穆事迹》，载《金佗稡编》卷二十七）岳家军北上途中，金占领区人民热情为岳家军当向导，提供敌军守备情报，供应车船，等等。岳飞十分兴奋，他曾向张浚请示过：如果军事形势进一步发展，他准备命令王贵与牛皋两路合兵，自伊洛直渡黄河，与太行山山寨忠义民兵相配合，收复黄河北岸金军占领的地区。

张浚深受鼓舞，兴奋地对高宗说：“飞措置甚大，今已至伊、洛，则太行山一带山寨，必有通谋者，自梁青（兴）之来，彼意甚坚。”（《系年要录》卷一〇五，绍兴六年九月己巳条）

然而，出乎张浚的意料，高宗听了后，显得十分冷淡。岳家军收复卢氏、虢州，捷报飞递，转到高宗手里时，高宗也是这个态度。相反，高宗对韩世忠军北伐受阻于淮阳，刘光世、张俊屯兵不动，却还一一加以抚慰，并给予爵赏。如此反常，究竟是什么道理呢？

后来，高宗居然说出这样一段话来：“岳飞之捷固可喜。淮上诸将，各据要害，虽为必守计。然兵家不虑胜惟虑败尔，万一小跌，不知如何？更宜熟虑。”

宰相赵鼎听了他这番“高论”，也感到莫名其妙。不久，高宗同张浚又谈起岳飞商虢之捷，说道：“岳飞之捷，兵家不无缘饰，宜通书细问。非吝赏典，欲得措置之方尔！”

说岳飞虚报战绩，素无前例，怀疑是无据的；高宗确实也不吝赏赐，如韩世忠、张俊、刘光世无功也得赏了。高宗上述言行，决不是偶然的，那是为了要调整岳飞军的部署，即“欲得措置之方”。

高宗的盘算，在四月间给韩世忠的手诏中已有透露。那手诏嘉奖韩世忠退回楚州之举是“进退合宜，不失时机”，同时告诉韩世忠，他准备“或遣岳飞一窥陈蔡，使敌枝梧之不暇也”（《系年要录》卷一〇〇，绍兴六年四月壬寅条）。原来这次北伐，高宗只打算叫岳飞“一窥陈蔡”，使敌忙于东西应付。他既没有拓土陈蔡的想法，更没有渡河北上收复中原的用兵计划。因此，当岳飞于八月攻克蔡州，上表请示进取中原时，高宗感到岳飞的行动已经越轨了，急忙下诏：“不许。”唯独李纲，事先早已看穿了朝廷下诏北伐是虚张声势。他曾提出三条疑问：第一，兵马未动，张榜告示，宣扬即将北伐，岂不是违反“兵家诡道”的原则？第二，粮食给养没有认真准备，说是“因粮于敌”，即从敌人那里夺粮供给，岂非轻率？第三，即使王师收复京东、京西两地，但如何派兵镇守？对金人援兵又如何应付？朝廷预先都没有筹划，这能说是疏忽吗？

果然，当岳家军收复虢州、卢氏县后的十七天，由于“孤军无援”和“以粮不继”（赵鼎《忠正德文集》卷八《丙辰笔录》）等原因，不能竟功而还，退军鄂州。

当时有些朝臣责怪都督行府指挥失误，说张浚志大才疏，其实张浚固然有责任，但根本原因却在高宗，因为一切行动都必须经过高宗的裁决。

忠心耿耿的岳飞，第二年入朝时，向高宗说：“去年秋天，我军已深入陕西和河南的商、洛地区，营寨中有一些士卒饥饿得不行，逃亡了。严重的缺粮，迫使我引兵急还鄂州，致使北伐之功不就。”

在皇帝面前，岳飞有一些话没有讲，比如没有援军配合，他隐忍了。但从这段欲说还休的话来看，岳飞是责怪张浚等负责全线军事指挥大臣的指挥失误，韩世忠、张俊、刘光世等大将没有及时配合。他仍然以为皇帝是中兴之主，是坚意北伐的。这是岳飞的误解。他哪里知道高宗这次北伐的目的，首先是为了向国人表示他未忘父兄之仇，有中兴之志，借此以笼络人心；其次，向金显示一下武力，表明今非昔比，宋已有力量北图中原，借此捞一点议和资本，以求金方同意和谈。说到底，高宗只需要有一个进攻的姿态，适可而止，而不准超越他的设想，以致破坏和议的成功。

24

救淮西抱疾出师　击金齐飞驰唐邓

当岳家军夺回商州、虢州，在伪齐腹心插进了一把钢刀时，伪齐大为震恐。刘豫急忙派使者向金国朝廷讨救兵。不过，这一回能否讨得救兵，刘豫感到把握不大。因为金太宗完颜晟一年前病逝，金熙宗完颜亶即位，粘罕失势，高庆裔被杀，刘豫失去了靠山；新上台的金熙宗，信任挞懒一派，而挞懒对刘豫以往疏远自己久怀不满。更何况挞懒现时尚需认真对付政敌，无暇顾及伪齐呢。

果然，刘豫的使者搬不来一个救兵。当金熙宗召集诸将研究要不要出兵时，蒲卢虎（宗磐）说："先帝（金太宗）所以封刘豫为儿皇帝，立齐国，是想借刘豫扩疆界、保边境，使我大金得以休养。如今，刘豫进不能取一尺之地，守又守不住，兵连祸结，反而使我得不到休息。假如答应刘豫的要求，打胜了，功利归他；打败了，我受其害。何况前年答应借兵，已失利而还，这次怎么能答应呢？"

金熙宗听了认为有道理，决定不派兵救齐，只命金兀术提兵在黎阳（河南浚县），观察有否向宋进攻的机会。

刘豫为了保住儿皇帝的宝座，不得不孤注一掷了。

绍兴六年（1136）九月，刘豫征集了三十万军队，号称七十万，遣刘麟由寿春（安徽寿县）进犯合肥；派刘猊由紫金山出涡口攻定远；派孔彦舟由光州（河南潢川）趋六安。刘豫这个军事进攻部署，击中了南宋军事布局中“张俊、刘光世、杨沂中、韩世忠、岳飞分屯诸州，而沿江上下无兵”的要害。伪齐军来势汹汹，重点进攻方向在淮西，这正是南宋战斗力最差的刘光世、张俊部队负责防守的区域。

刘光世、张俊惊恐万状。刘光世打算放弃庐州（合肥），张俊准备丢掉盱眙。他们谎报敌情，不断向朝廷报警，为逃跑制造舆论。

朝廷中议论纷纷，退保长江的舆论占了上风。宰相赵鼎，主张叫张俊会合刘光世军，先在淮南抵挡一阵，然后撤军守住长江。高宗赞成这个主张，但他认为张俊、刘光世不能胜任防守长江下游的重任，命令岳飞尽率本部人马沿江东下。同时高宗又亲写手札给在平江都督府的张浚，传令张俊、刘光世、杨沂中后撤，退守长江。张浚接诏后，他统观全局，反对退却，向高宗提出了合兵掩击可保必胜的策略：

若诸将渡江，则无淮南，而长江之险与

> 敌共。淮南之屯，正所以屏蔽大江；使贼得淮南，因粮就运，以为家计，江南其可保乎？今淮西之寇正当合兵掩击，况士气甚振，可保必胜。若一有退意，则大事去矣。又岳飞一动，则襄、汉有警，复何所制？愿朝廷勿专制于中，使诸将不敢观望。（**《系年要录》卷一〇六，绍兴六年十月丙申条**）

“江南其可保乎？”这一问，击中了高宗的要害。高宗要保住东南半壁小朝廷，就必须保住长江防线，要保住长江防线，又必须保住大江的屏蔽——淮南。张浚说得如此透彻，这才使高宗清醒过来，他不能不采纳张浚的意见。但高宗对刘光世、张俊守淮南是不放心的，仍然急令岳飞从鄂州提兵东下，由此而造成襄阳空虚的后果，他也顾不上了。

这时传来了刘光世军队撤出合肥的消息。张浚连夜驰告刘光世：“如果有一个人渡江，立即斩首示众！”刘光世畏于军令，不得不率领部队回返合肥。

高宗和南宋一些高级将领，把伪齐军的战斗力估计得太高了。其实，伪齐军虽然兵员众多，声势很大，但由于失去了金人的仗恃，战斗力很弱。东路军刘猊东进到淮东，被韩世忠部队阻挡，不敢东向，引兵转向定远；刘麟从淮西渡河，在濠（安徽怀远）、寿（安徽寿县）之间遭到张俊的阻挡。而刘猊军到达定远南的越家坊、藕塘时，又被杨沂中、张俊打得连连大败，马上缩回去了。刘麟中路军和攻光州不下的孔彦舟西路军听说刘猊败北、岳家军沿江东下，也立即退兵。

岳飞接到高宗催促东下的手诏时，正苦于严重的眼病。近五六年来，岳飞东征西讨，都是盛夏冒暑行军，穿越密林山区，跋涉江泽卑湿之地，因而得了畏光、刺痛的眼病。他住所内的窗口，都用层层的布幕挡住，不让透进光线，以此来减轻一些痛楚。可是，他得诏后，毅然以国事为重，迅速遣发兵力，前往九江。

十一月七日，当岳飞赶到九江时，淮西战事已经结束。于是高宗下诏说："淮西既无事，飞自不须更来。"

当淮西恢复平静后，高宗才消除了提心吊胆的恐惧，他对宰相赵鼎说："刘麟败北，朕不足喜，而诸将知尊朝廷，为可喜也。"

从高宗这段话里，透露出他对几年前张俊、刘光世等大将拥兵自重，不听朝廷调遣，至今仍感愤懑，也表示了对此次各大将领能服从他的旨意而感到喜悦，尤其是对岳飞能迅速"勾抽襄阳等处军马"来保卫长江天险，感到十分满意。

可是，由于岳飞忠实地执行了高宗错误的军事调遣，襄鄂防御空虚了。金人虽然不答应借兵刘豫，但并非撒手不管，坐视南宋威胁中原之地。金熙宗不是明令兀术"提兵黎阳（河南浚县）以观衅”吗？现在看到岳飞军东调，中线空虚，以为有了可乘之机，遂于十月底、十一月初，与伪齐合兵向岳飞防区发动了一次凶猛的进攻。

金齐联军有两个主攻方向：一是指向岳飞军新收复的商、虢等西京地区；一是直指唐、襄、邓地区。而以后者为此次战役的主要目标。金齐联军分兵三路，齐头并进：自唐州何家寨侵襄阳为一路，由汝州侵犯邓州为一路，从蔡州望明港侵信阳军又是一路。这一次金、齐军出动的兵马相当雄厚，仅向虢州进攻的金军就有一万五千余人，马三千余匹，伪齐军二万余人，马二千余匹；进攻商州的一股为一万余人；侵犯唐、襄、邓、信阳军的敌军虽没有确切数字，但据军探所报，“何家寨，伪五大王聚集番伪贼马重厚”，“镇汝军贼势重厚”，“望明港大寨，为见贼马众多”（《梁溪集》卷九十二《乞遣兵策应岳飞奏状》）。其兵力当不少于进攻商、虢的兵力。

岳飞料知金齐可能乘虚而入，因此当接到高宗不需再向东进发的诏令后，就急如星火地向鄂州回师。回师途中收到了不少部下告急的报告。回到鄂州，飞骑报警更是接踵而至。如在豫西、陕南一带，料理商、虢、伊洛诸县军政大事的统制官寇成，向宣抚司一连上了四道紧急军状，申称“贼马厚重”，要求“星夜”派兵救援。在襄阳处置军务的王贵，也请“疾速”增援。统制官崔邦弼自信阳军告急，请求“疾速差添军马”御敌。

岳飞判断：金齐联军的意图在于突破襄鄂防线，夺取控扼长江上流的战略要地。他当机立断，调集两万精锐挥师渡江。到十一月十五日，即岳飞从九江回师鄂州的第八天，岳飞的雄师已经驰骋在襄汉古道上了。(《金佗续编》卷八《番伪分路前来更切审料贼情省札》)

这样飞速回援，是敌人预料不到的，当他们看到前线出现岳家军旗帜的时候，一下子惊得目瞪口呆。

江西制置大使李纲虽然钦佩岳飞的勇武智略，信任岳家军刚强无比的战斗力，但面对金齐联军汹汹而来，竟然也担心岳飞孤军北渡“难以捍御”，奏请朝廷令刘光世迅速派兵策应。

高宗读了李纲的奏章，他所担心的不是岳飞顶不住，而是怕岳飞乘胜追击，以至越出襄阳六郡的界分，破坏他的部署。为此，他给岳飞写了封亲笔信：

> 览奏，知卿出师汉上。规模素定，必不徒行。方冬远涉，将士良苦，卿更勤加抚劳，用副朕意。

岳家军不愧为英勇无敌的军队。当岳飞派出的援军到达之前，各地守将都已与敌军交战。就连那个一连上了四道求援军状的寇成，虽处在敌人腹地，但未等援军到来，已自奋勇击敌，接连两次打败了敌骑兵的进攻。王贵在离何家寨四十里地的大标木，打败伪五大王的进攻，焚毁了敌人的军粮储积(《金佗续编》卷十九《何家寨捷报申省状》)，取得了何家寨大捷。信阳军的秦祐也在长台镇打败敌军。

岳飞抱病亲率大军渡江、部署各路反击后，前线固守各地的岳家军士气更加高涨了。如商州，转危为安，坚守住了。十二月，朝廷便命邵隆就任商州知州。在伊洛一带作战的寇成，于十二月份又打了一次大胜仗。在襄汉战场上，岳飞精锐一到，敌军顿时收敛，暗地里撤军了。

何家寨奏捷后，朝廷允许岳飞“前去相度，若蔡州可下，即行收复”。岳飞精神抖擞，冒寒风，犯霜雪，率主力往取蔡州。他亲临前线，做了试探性进攻，发现敌人防守严密，城池坚固，非一朝一夕可以攻下；而当时岳飞大军仅带十日军粮，势不能持久围攻；还考虑到预防敌人蹑后截住归路，岳飞决定班师，令董先殿后掩护。

战争中，进攻不易，退兵也难。当岳飞从蔡州城外回师的消息传到伪齐朝中时，刘豫连忙命令李成、刘复、商元、王爪角、孔彦舟等十大将领，带十万之众紧追。刘豫甚至要求他们务期必胜，直捣武昌。

董先首先获得了敌情，驰告岳飞。岳飞从容地作了将计就计的军事部署。他令董先在险要处和密林中，埋伏部分兵力，另率部分兵力守住桥头，如敌军前来追击，只需以少量疑兵出没诱敌。不久，李成率兵追到了桥头，见董先跃马挺枪而出，先吃了一惊。接着，董先又把刘豫企图围歼岳家军的如意算盘当场揭露。李成又吃了一惊，一时答不出话，只是直着嗓子喊："汝勿走，我今先擒汝！"董先也响亮地回答："我定不走，只恐汝走耳！"

李成见董先悠闲自在，心中结起了疑团：莽莽森林里，会不会有重兵埋伏？小心为上。李成派出轻骑搦战，董先也以轻骑应战。正在相持之中，李成的僚属向李成报告，发现森林中隐隐有岳家军旗帜移动。李成恐怕中计，忙鸣金收军。董先也鸣金收军，李成疑惧更深。正在进退两难之际，猛听得战鼓如雷，只见岳飞亲领大军迎面厮杀过来了。李成军一见，吓得掉头就逃。岳飞渡河追击三十里，经过一场激战，李成匹马而逃。岳飞军擒获伪齐大小将领数十人，俘虏数千人。岳飞宽待俘虏，散钱遣送他们回去，还语重心长地对他们说："汝皆中原百姓，国家赤子也，不幸为刘豫驱而至此。今释汝，见中原之民，悉告以朝廷恩德。俟大军前进恢复（中原），各率豪杰来应官军！"（《金佗续编》卷二十七《百氏昭忠录》卷之十一）俘虏们欢呼而去。岳家军将所擒将领立即押赴行在报功去了。

李成一败，岳飞又遣王贵、董先等击败伪齐诸将，焚其营。

岳飞回师襄阳打退金齐联军的进攻，前后不到一个月。这次回援，又一次粉碎了伪齐军的反扑，粉碎了刘豫保住儿皇帝之位的美梦，加快了刘豫这个金人傀儡被废黜的进程。

第五章

指麾中原
直逼东京

25

以和佐战金遣奸细　高宗上钩任桧为相

绍兴四年至六年间（1134—1136），南宋的军事力量得到迅速加强，诚如金万户都统韩常所分析的："今昔事异，昔我（金）强彼（宋）弱，今我弱彼强，所幸者，南人未知此国事耳！"（《大金国志》卷二十七）军事上如此，政治上呢？由于岳飞、吴玠、韩世忠等爱国将帅的善谋善战，外患的威胁减轻，南宋政权闯过了濒于危亡的险境，日渐巩固起来。而金国统治集团因连年用兵，师老无功，对待南宋的策略问题出现了继续用兵和招降议和的政见分歧，影响到派别间争权夺利，导致金统治集团内部的分裂，甚至互相残杀。

金天会十三年（1135）正月，金太宗死，十六岁的完颜亶（合剌）当了皇帝（金熙宗）。太师蒲卢虎、左监军挞懒和东京（辽宁辽阳）留守讹鲁观（宗隽）相联合，为了攫取大权，打击太保、都元帅粘罕的势力，先以贪赃的罪名逮捕并处死粘罕的亲信高庆裔。不久，粘罕也忧郁纵酒而死。挞懒升为左副元帅，讹鲁观升为左丞相。挞懒派执掌实权后，一边继续肃清异己，一边对南宋使用“以和议佐攻战”（《大金国志》卷七）的策略。

本来，金国的政局动荡，是南宋可以利用来进行规复中原的大好时机，南宋朝廷中如岳飞等大将就是持这个看法的。宋高宗却认为和议的春天已经到来，苟安东南的条件已经成熟。挞懒派的上台，更使宋高宗欢欣鼓舞。他为了向金人表示愿和的诚意，居然在绍兴五年（1135）二月，起用了与挞懒有特殊关系的秦桧，命他为资政殿学士。

秦桧原是徽宗朝的御史中丞。当金人灭亡北宋，立张邦昌为傀儡皇帝时，他上书反对，还算忠于赵宋王室。但靖康二年（1127）被金人俘到北方以后，他就投靠了金人，成为金太宗弟挞懒的亲信，在挞懒军帐中当“任用(执事)”，后提为参谋军事、随军转运使。建炎四年（1130），秦桧全家随金军至楚州。楚州被金人攻陷后，挞懒将秦桧全家纵归南宋。秦桧诈称“杀金人监己者，夺舟而来，欲赴行在，遂航海至越州”。对秦桧这套鬼话，朝廷官吏中大多数人不相信。他们说：秦桧与何栗、孙傅一同被俘拘禁，为什么只有秦桧能逃回？从燕山府到楚州二千八百里，需逾河越海，这里就有疑问，秦桧又哪有可能杀掉监守的金人畅通无阻地逃回南方来？退一步讲，他被强令随军后，乘金人一时疏忽逃走了，那也只能单身逃脱，因为从军时金人必定要扣留秦桧的家属作人质，他又怎能和妻子王氏一起逃回呢？

人们对秦桧南归的疑窦丛生，议论纷纷。然而，独宰相范宗尹等二三人，因“素与桧善”，“尽破群疑”，还竭力向高宗推荐秦桧忠实。高宗当即命秦桧去见宰执，秦桧提出“如欲天下无事，须是南自南，北自北”的主张，并呈上他写的《与挞懒求和书》，表示愿为议和承担“沟通”的角色。秦桧在金国四年，刚刚回宋，人们又怀疑他，为什么竟敢在第一次晋见宰执时，提出宋金议和、南北分治的卖国政见？他不怕激怒高宗，遭到杀身之祸吗？这是因为秦桧心中有数。自从高宗登位后，朝廷一次又一次地遣使赴金，低三下四地向金主乞和，这些过程以及高宗内心的秘密，金人很可能透露出来，秦桧也可能从挞懒处知道得更清楚。只是那时金军处于有利形势，亡宋是那时金国的决策，金国不屑于同宋和谈，因此，高宗虽一再派出议和使，自然都没有得到什么结果。如今，军事上虽逐渐趋向相持，但高宗仍然在乞和，这就是秦桧敢于出面倡和议的原因。

果然，这封奏章送至高宗眼前，高宗立即于第二天亲自接见秦桧。接见后，高宗高兴地对大臣们说：“桧朴忠过人，朕得之喜而不寐。”（《宋史纪事本末》卷七十二《秦桧主和》）为什么他这样高兴呢？因为他终于得到了能够打通与金和谈渠道的“人才”啦！于是，高宗很快就任命秦桧为礼部尚书，过了两个月，又提升他为参知政事。这时范宗尹被罢相，相位空缺，秦桧竟想当宰相了，扬言：“我有二策可耸动天下。”有人问他：“为什么不讲？”秦桧露骨地说：“今无相，不可行也。”那年八月，高宗任命他为宰相。当时高宗满怀信心，希望通过秦桧与挞懒的私人关系，迅速达成与金媾和协议。无奈，当时金国朝廷中主战的粘罕派掌握着实权，挞懒派虽倾向与宋议和，但不能左右朝论。因此，高宗的和议希望不仅成了画饼，甚至连派往金国的使者也往往被扣留不还，至于金军的进攻更是连年不断。残酷的现实使高宗感到，没有军事上的实力和胜利，就没有谈判和议的条件，这时他才认识到李纲的“能战而后可和”的意见是正确的。又由于抗战将领韩世忠、岳飞、吴玠等人在东西战线上的胜利，主战的舆论高涨，高宗迫于舆论，才乘吕颐浩、黄龟年揭露秦桧“专主和议，沮止恢复”的机会，于第二年的六月罢免了秦桧的宰相职位，同时还自我表白一番，说明他是不同意秦桧的意见的：

> 桧言“南人归南，北人归北”，朕北人，将安（何）归？桧又言“为相数月，可耸动天下”，今无闻。（《宋史·秦桧传》）

其实，使高宗对秦桧不满的倒不是“南人归南，北人归北”的谬论，而是秦桧入相一年，并没有实现高宗梦寐以求的宋金议和。这使高宗大为失望，以至愤愤地说出“终不复用”秦桧的话来。但这不过是高宗一时的愤慨，非出于真心。

绍兴七年（1137）正月二十五日，南宋的使者何藓自金国归来，向高宗汇报挞懒派掌了实权的详细情况以及徽宗的噩耗之后，这个曾经一度高唱孝道、雪耻的“圣人”，终于自食其言，而谋求向杀父的世仇议和了。高宗要议和，就必须进一步依靠和重用挞懒亲信秦桧，于是，当月又升秦桧为枢密使，“恩数”与宰相匹，成为最高的军事长官了。

那年年底，王伦出使金国归来，又带来挞懒的口信：

> 好报江南，既道涂（途）无壅（阻），和议自此平达。（《系年要录》卷一一七，绍兴七年十二月壬午条）

王伦还带来“金人许还徽宗的梓宫（灵柩）及皇太后”，“许还河南诸州”的消息。高宗听了大喜过望，竟说：“如果金人能够同意朕的议和要求，其他一切代价在所不惜！”

这时当朝的宰相是赵鼎。早在四五个月前，张浚在处置刘光世在淮西军无纪律问题上，主张罢免刘光世的兵权，与赵鼎产生意见分歧。后来刘光世部下郦琼率部投奔伪齐，他被追究责任，因而引咎辞相。赵鼎虽然也是主张与金和议的，但在划定宋金疆界问题上，坚持钦宗时的旧约，即以黄河旧道为界（黄河旧道经天津由海河入海），不同意以新河道为界（黄河改道后，向南经山东由淮河入海），否则就罢议。秦桧反对赵鼎的意见，向高宗说："若陛下决欲讲和，独与臣议其事，不许群臣干预，则其事乃可成。"高宗自然同意。秦桧又广收党徒，乘间进谗，逼使赵鼎辞去相位。于是，在绍兴八年（1138）三月，擢升秦桧为宰相兼枢密使，军政大权全落入秦桧手中。

秦桧再次为相，是高宗决心推行向金屈膝投降路线的重要部署，从此抗战派受到压抑，抗金事业不断遭到挫折。

26 高宗疑忌武将　岳飞怒上庐山

绍兴七年（1137）二月八日，岳飞奉诏从鄂州至平江（江苏苏州）行在所，后又随高宗到建康，一直到三月十三日，才离开建康返回鄂州。这时张浚尚在相位，秦桧已任枢密使，随高宗行幸。

岳飞猜测皇帝要召见他的目的，可能是征询军事方略。为此，岳飞十分认真地作了奏对的准备。在赴平江之前，他还征求了宣抚司机密黄纵的意见。岳飞问："入觐，以何为先？"黄机密说："当以取汝、颍为失计，而改图之。既取之不可守，而复失之，亦徒劳。"岳飞不解地问："安坐而不进，则中原何时可复？"黄机密说："取中原非奇兵不可！"岳飞又问："何谓奇兵？"黄机密答："奇兵乃在河北！"岳飞大喜道："此正吾之计也，相州之众尽结之矣！"

到了平江的第二天，高宗召岳飞上殿入对。岳飞详尽地奏陈了规复中原的策略。使岳飞感到不解的是，高宗对自己所陈策略采取不置可否的冷淡态度。岳飞不能不联想起从南渡以来一直未息的和议舆论，尤其是近两年来，主和派秦桧的复用，更使他怀疑主和派已在干扰皇帝的视听。对此次宣诏觐见是什么用意，他开始猜测起来。

果然，高宗这次先后宣诏韩世忠、岳飞等人觐见，不是为了倾听将帅们的军事进攻计划，而是借机试探主战派将帅对和议的反应。他最担心诸将帅反对和议，尤其是害怕岳飞和韩世忠反对。如何说服诸将帅，这才是高宗绞尽脑汁要解决的问题。

有一天，高宗问岳飞："卿有良马否？"岳飞一时摸不清高宗问话的用意，却借机作了一番讽谏。岳飞答道：

骥不称其力，称其德也。臣有二马，故常奇之。日啖刍豆至数斗，饮泉一斛，然非精洁则宁饿死不受。介胄而驰，其初若不甚疾，比行百余里，始振鬣长鸣，奋迅示骏。自午至酉，犹可二百里。褫鞍甲而不息不汗，若无事然。此其为马，受大而不苟取，力裕而不求逞，致远之材也。值复襄阳平杨么，不幸相继以死。今所乘者不然，日所受不过数升，而秣不择粟，饮不择泉。揽辔未安，踊跃疾驱，甫百里，力竭汗喘，殆欲毙然。此其为马，寡取易盈，好逞易穷，驽钝之材也。(《金佗稡编》卷七《行

实编年》卷之四）

高宗原想以良骥能任重道远来开导岳飞，希望他能做一匹听人主驾驭的良马，顺从和谈，不料岳飞竟弹出这样一段弦外之音来。“饥不择食，渴不择饮，那不是在影射刚任命的枢密使秦桧吗？容易满足，莫不是讥讽朕胸无大志、苟且偷安？还有，岳飞称赞不绝的‘致远之材’——两匹良马，偏巧都死了，会不会暗示自己压抑了老将宗泽，罢斥了名相李纲？”高宗满腹疑惑，但又不便明说，只好勉强说了个“善”字。至此高宗已经完全了解了岳飞反对和议的坚定不移的立场了。

过不了几天，高宗对宰相张浚、枢密使秦桧等辅臣却说了这样一段话：

前日岳飞入对，朕问有良马否？飞奏：“旧有良马，已而亡之。今所乘不过驰百余里，力便乏。”此乃未识马故也。

又说：

飞今见识极进，议论皆可取。朕尝谕之，国家祸变非常，惟赖将相协力，以图大业。不可时时规取小利，遂以奏功。徒费朝廷爵赏。

须各任方面之责，期于恢复中原。(《系年要录》卷一〇九，绍兴七年二月己酉条)

从上引比较隐晦的话里可以看出，高宗透露出他对前次岳飞北伐的否定，认为岳飞大胆进言是越职行为，是将相不协的表现。高宗对岳飞的不满情绪，已经隐隐地流露出来，他们之间的关系，出现了裂痕。

还有一件使高宗不快的事情。在这次觐见中，岳飞一腔忠心地提出“请正建国公（赵伯琮，即后来的宋孝宗）皇子之位”，以粉碎金人扬言立钦宗为帝，以此要挟高宗投降的奸计。关于立皇太子的事，宰相范宗尹最先提出，县丞娄寅亮也跟着奏请过，并没有引起高宗的反感。但赵宋王室的祖宗家法，向来不准武将干预军事以外的朝政，像“储位”这一类有关国家根本的大事，“惟腹心大臣得为之，非将帅任也”（《宋史纪事本末》卷七十六《孝宗之立》）。因此高宗听了岳飞的建储之请，就不高兴地说：“卿言虽忠，然握重兵在外，此事非卿所当预也！”岳飞听了高宗这样严厉的话，万分惶恐，慌忙谢罪。

高宗本来有一子，在平息苗、刘事变不久，夭折了。在扬州受惊以后，高宗已失去生育能力。所以在范宗尹、娄寅亮的屡请之下，于绍兴二年(1132)，高宗选了赵伯琮(宋太祖赵匡胤裔孙）入宫抚养，作为未来的皇位继承者。可是，进宫五年了，封为建国公的赵伯琮，仍没有正式立为太子。从稳定人心、有利于抗金事业出发，岳飞义无旁顾，才奏请立皇太子，这样做既可打破金人的奸计，也符合高宗稳固自己皇位的愿望，何来的非议之有？事后高宗细想，也觉得责怪岳飞不妥当了，于是，命军事参谋官薛弼至岳飞住处谕意、开释。

接着，发生了一桩更为不愉快的事情，对岳飞来说，无疑是一次严重的打击。在前往建康的途中，高宗与张浚等大臣商议了整编刘光世五万军队的军机大事。刘光世听到风声后，上了一道乞解兵权的奏章。高宗亲笔批复，同意刘光世引退。

刘光世的部队是因军纪不良而受整编的，那么刘光世引退后，派谁来统领这支队伍呢？高宗自然而然地想到纪律如铁的岳家军的统帅——岳飞，这不仅因为岳飞严于治军，而且也是由于岳飞英勇善战。刘光世部队驻军淮西，紧依长江，负有屏藩行在的重大使命。在高宗看来也只有任命岳飞统领此军，才能使他在临安高枕无忧。到达建康后，高宗立即召见岳飞，授权岳飞接管刘光世军队，并郑重地说：

> 中兴之事，朕一以委卿。除张俊、韩世忠不受节制外，其余并受卿节制。（《金佗续编》卷二十七《百氏昭忠录》）

次日，张浚主持的诸路军事都督府会议，奉旨命岳飞“收掌刘少保（光世）下官兵等共五万二千三百十二人，马三千零十九匹，须至指挥”（《金佗续编》卷八《督府令收掌刘少保下官兵札》）。高宗还亲赐御札给淮西军统制官王德，说“今委岳飞尽护卿等”，“听飞号令，如朕亲行”。

将淮西军五万之众合并于岳飞军中，使岳家军兵力骤增一倍以上，成为三军之冠；而且皇帝还亲口说“中兴之事，朕一以委卿”，岳飞当时是何等的兴奋和激动呀！胸中涌起了“重新收拾旧山河”的热血浪潮，他兴奋地认为，收复中原的宏图即将付诸实施了。为此，岳飞奋笔疾书，写了一道恢复的方略，上呈高宗，这就是著名的《乞出师札子》：

臣自国家变故以来，起于白屋，从陛下于戎伍，实有致身报国、复仇雪耻之心。幸凭社稷威灵，前后粗立薄效。陛下录臣微劳，擢自布衣，曾未十年，官至太尉，品秩比三公，恩数视二府，又增重使名，宣抚诸路。臣一介贱微，宠荣超躐，有逾涯分；今者又蒙益臣军马，使济恢图。臣实何能？误荷神圣之知如此！敢不昼度夜思，以图报称？

臣窃揣敌情，所以立刘豫于河南，而付之

齐、秦之地，盖欲荼毒中原，以中国而攻中国。粘罕因得休兵养马，观衅乘隙，包藏不浅。臣谓不以此时禀陛下睿算妙略，以伐其谋，使刘豫父子隔绝，五路叛将还归，两河故地渐复，则金人之诡计日生，浸益难图。

然臣愚，欲望陛下假臣日月，勿拘其淹速，使敌莫测臣之举指。万一得便可入，则提兵直趋京洛，据河阳、陕府、潼关，以号召五路之叛将。叛将既还，王师前进，彼必舍汴都而走河北，京畿、陕右可以尽复。至于京东诸郡，陛下付之韩世忠、张俊，亦可便下。臣然后分兵浚、滑，经略两河，如此则刘豫父子断必成擒。……然后徐图再举。设若贼见上流进兵，并力以侵淮上，或分兵犯四川，臣即长驱，捣其巢穴。贼困于奔命，势穷力殚，纵今年未终平殄，来岁必得所欲。陛下还归旧京，或进都襄阳、关中，唯陛下所择也。……异时迎还太上皇帝、宁德皇后梓宫，奉邀天眷（钦宗）以归故国，使宗庙再安，万姓同欢。……臣之志愿毕矣，然后乞身归田里。（《金佗稡编》卷十一《乞出师札子》）

岳飞所上奏的这个方略，是岳飞挂帅襄鄂后日夜筹划的结果。他一边满怀信心地等待着高宗的批复，一边准备去接管刘光世的部队。

正当这个时候，力主和议的枢密使秦桧，不仅对岳飞的规划方略不表赞同，还在高宗面前提出并军不便的谏议。高宗一贯疑忌武将，于是马上改变了主意，决定“不以德、琼军隶飞，诏飞诣张浚议事”。(《宋史纪事本末》卷七十《岳飞规复中原》)

对岳飞上奏的《乞出师札子》，高宗作了这样的批复：

> 览奏备悉，俟卿出师有日，别降处分。淮西合军，颇有曲折。前所降王德等亲笔，须得朝廷指挥，许卿节制淮西之兵，方可给付。(《金佗稡编》卷一《高宗宸翰》绍兴七年《付岳飞》)

这真是咄咄怪事，皇帝亲自召见岳飞，都督府也传达了朝旨，命岳飞统领刘光世军队，言犹在耳、墨迹未干，为何于朝夕之间“颇有曲折”了呢？岳飞无论如何也解不开这个谜。

过了几天，通知岳飞朝辞回鄂州，留下从官在建康待命，实际上已取消前命了。但岳飞仍然怀着能统领淮西军以增强抗金力量的心情，向高宗陛辞。那天，高宗先是抚慰了一番，接着，装模作样地同岳飞谈起了收复中原的方略。高宗问岳飞："何时可毕？"岳飞回答："期以三年！"高宗大不以为然地说："朕驻跸于此，以淮甸为屏蔽，若辍（断）淮甸之兵，便能平定中原，朕亦何惜？第（但）恐中原未复，而淮甸失守，则行朝未得奠枕而卧也。"

岳飞终于明白了，这不过是高宗收回成命的借口，并军的事已经告吹。他知道这时任何奏陈都已无法改变高宗的主意，就默默地回到了寓所。

失望、痛苦深深地折磨着岳飞。以往，在迁都问题，在限制他越出界分、进军中原等问题上，岳飞对朝廷的决定虽有过不满，但他总以为是辅臣蒙蔽了皇帝的视听，从不曾怀疑皇帝的抗金立场。在岳飞心目中，皇帝是国家的象征，抗金的旗手。可是如今高宗对规复中原的大计，以及与此有关的合军问题，竟出尔反尔，视同儿戏！岳飞迷惘了，国家的前途在哪儿？作为大将的自己还能发挥什么作用？然而王命难违，岳飞只得赴都督府与张浚议事。张浚起初也赞同将刘光世军并于岳飞军（参见《系年要录》卷一〇九，绍兴七年二月庚申，引《赵鼎事实》），但见高宗改变了主意，身为宰相的张浚不仅没有谏止，反而存有私心，想把刘光世军归属都督府，以便由他直接掌握。因此他与岳飞一见面，就问岳飞谁可代刘光世为统帅，岳飞没有回答。张浚就提出王德、吕祉，岳飞说："德与（郦）琼素不相下，一旦（德）握之在上，则必争。""吕尚书不习军旅，恐不足服众。"张浚又提出张俊、杨沂中，岳飞认为张俊“暴而寡谋”，杨沂中资望太浅，均不能驭此军。张浚听了，冷笑说：“浚固知非太尉（指岳飞）不可！”岳飞回答说：“都督以正问飞，飞不敢不尽其愚，岂以得兵为念哉？”岳飞一番忠心连张浚也误解了，痛心之极。他再也忍受不下了，回到住处立即写下了乞罢军职的札子，呈递都督府。岳飞拿出张都督早先给他的公文给黄机密看，并说：“都督府所开列的交接军队事宜，本来一日可以办好，现在却要我先返回鄂州，留从官待命，必然是中途生变，才这样做的。我的恢复中原规划已无望了，不得已请求罢职赋闲。”

岳飞对黄机密作了一番交代后，离开了建康。途经九江，又奋笔疾书，向高宗上了乞罢帅职的奏疏，不等复文，怒上庐山“守丧”去了。这是岳飞对高宗的反抗。

高宗看了岳飞的上表，大吃一惊，对岳飞的疑忌加重了。左司谏陈公辅素闻岳飞“忠义可用”，对此，他向高宗说：“恐别无他意，只是所见有异，望陛下加察。”陈公辅还说岳飞是个“粗人，凡事终少委曲”，要高宗“当示以不疑”。陈公辅的话，只能起一点缓解作用，不可能冰释高宗对岳飞的疑忌，也解决不了高宗、岳飞在抗金立场上的根本对立。

不久，朝廷宣布解除刘光世的军职，“以其兵尽属督府”（朱熹《朱文公文集》卷九十五《太保张公行状下》）。秦桧趁张浚在合肥的机会，勾结知枢密院事沈与求，以“握兵为督府之嫌”为由，奏请高宗任命王德为都统制，郦琼为副都统制，总管淮西军。果不出岳飞所料，郦琼不服。郦琼、王德相互交章弹劾，气氛十分紧张。九月，朝廷命郦琼带兵赴行在，准备解除郦琼的兵权。郦琼得悉后，遂以所部四万人叛投伪齐。张浚因此被迫辞相。张浚辞相后，高宗假惺惺地问张浚谁当宰相适合，张浚不答。高宗脱口而出："秦桧何如？"张浚直率地回答说："近与共事，始知其闇（昏）！"也可能还有其他的大臣反对秦桧吧，高宗只好召回赵鼎为相。但过不了半年，赵鼎就被罢相，秦桧堂而皇之地再相了。从此，高宗、秦桧投降的政治轴心牢固地结成了。

然而军中不可一日无统帅。岳飞上庐山后，朝廷急命权兵部侍郎兼都督府参议军事张宗元代领岳飞军。原参谋官、新任襄阳知府薛弼怕军心浮动，请张宪扶病临军。薛弼还向将校们作了一番解释，说张侍郎临军是权宜之计，朝廷已遣使去请岳宣抚回军了。

高宗的确已派岳飞的部将李若虚、王贵等上庐山去劝岳飞下山。高宗还交代李若虚、王贵，如果请不动，就和岳飞一同按军法处斩。李若虚等人到庐山东林寺时，岳飞弃军已经半个多月了。可是不管他们怎么劝说，岳飞就是不受诏命，一直僵持了六天。最后，李若虚几乎是哀告了：

相公欲反耶？且相公河北一农夫耳！受天子之委任，付以兵柄，相公谓可与朝廷相

抗乎？公若坚执不从，若虚等受刑而死，何负于公？（《系年要录》卷一一二，绍兴七年七月丁卯条）

在部属的死请下，岳飞不得不下山，这不是对高宗的屈服，而是为部属着想。岳飞不得不先赴行在“待罪”。高宗对岳飞进行了一番假惺惺的劝抚后，不无威胁地警告岳飞：

卿前日奏陈轻率，朕实不怒卿，若怒卿，则必有行遣。太祖所谓“犯吾法者，惟有剑耳”。所以复令卿典军，任卿以恢复之事者，可以知朕无怒卿之意也。

真是此地无银三百两。可见高宗是强压怒火，岳飞则是怒火强压。他们的正面冲突，在双方心里都留下了不可愈合的创伤。

“秦桧见飞举止，已有忿忿之意矣。”岳飞的反抗举动，所针对的当然包括参与策划奸计的秦桧在内，秦桧怎能不愤恨岳飞呢？

27
抛傀儡金人废刘齐　不避嫌岳飞请增兵

绍兴七年（1137）秋天，岳飞重返鄂州赴任。

权湖北京西路宣抚判官张宗元，在鄂州代岳飞职责期间，深为岳飞军的精诚团结所感动。他回行在后，将所见情况向高宗作了汇报，说：“将和士锐，人怀忠孝，皆飞训养所致。”（《宋史·岳飞传》）如果是一个中兴的英主，听了张宗元的汇报，该感到高兴。但生怕武将擅权的高宗听了，心中却升起疑云。

这一场冲突，对岳飞精神上的打击是沉重的。岳飞决不计较自己能掌握多少兵力，而是痛心于不能“成恢复之功”。诚如黄机密晚年时忆及此事时所说：“如今，天下男女老幼都知道岳飞的威名，但对于岳飞的恢复大计未能成功的其中曲折，士大夫是不知道的。”但沉重的打击没有摧毁也不可能改变岳飞光复故土，救中原父老于水火之中的坚强决心。岳飞的心胸是开阔的，个人痛苦、君臣嫌隙不过是纤尘芥蒂，何足挂齿！他所渴望的是为国家早日建功立业。“中原未复羞领兵”，这倒是他日夜自责的念头。在鄂州，岳飞又兢兢业业地经营起北伐大业来了。

郦琼率淮西兵叛投刘豫后，淮甸防务空虚，顿时朝野震动。高宗知道郦琼素来佩服岳飞，又是岳飞同乡，他写信给岳飞说：“闻琼与卿同乡里，又素服卿之威望，卿宜为朕选一二可委人，持书与琼。”高宗想通过岳飞的关系把郦琼招回来。招回叛将，谈何容易？但岳飞考虑到长江防线的全局，仍然向高宗提出了愿提兵进驻淮甸，以防万一的积极建议。这个建议，高宗自然不肯采纳，仅下诏岳飞驻防九江，声援淮、浙。

郦琼投伪齐后，力劝刘豫南侵。刘豫十分高兴，立即向金人乞师。这时，作为傀儡的刘豫，不能为金拓地守边，在金人看来失去了傀儡的作用，已有废黜之意。对刘豫讨救兵一事，金人佯许。（参见《大金国志》卷九《熙宗纪》）这一年十月，谍报传来兀术与刘豫陈兵清河（宋时黄河新道，在今山东省境内），准备南下的风声。岳飞知悉刘豫一贯亲粘罕，而挞懒、兀术等人对刘豫素有积怨。善于使用反间计的岳飞，打算乘机离间，以恶化金与伪齐的关系。一天，巡逻兵拿获了兀术军的一个间谍，军吏请岳飞处决，岳飞惊愕地注视间谍半晌，然后说：“你不就是张斌吗，原来是我军中人嘛！”

于是，他把这个间谍带进私室，厉声责问道：“以前，我曾派你送密封蜡书到伪齐，与伪齐结约，诱获兀术共杀之。

结果你一去不返，没有将蜡书送到。为什么你要背叛我？”间谍听了岳飞这一席审问，莫名其妙，张口结舌，虽然感到这里面有些“蹊跷”，但他岂敢分辩？只好将错就错地承认自己犯了死罪，请求给予立功贷死的机会。岳飞表示愿给间谍一个立功赎罪的机会。接着，岳飞亲笔写了一封给刘豫的密书，大意是说：去年八月交锋，我尽力进攻汝军，金人已对你不疑，江上密约已有成功的希望。如谋事成功，宋与齐当结为兄弟盟国。

岳飞写好密书后，亲自将间谍松绑，对他说：“把这封蜡书送给齐主，并将举兵南向的期限带回，就免你一死。”间谍唯唯诺诺，满口应承了。军吏就在间谍大腿上划开一条刀口，塞进蜡书并缝好，又送给他大量银子。岳飞反复叮咛，警告他绝对不能泄密。间谍拜谢后上路了，刚走出不远，岳飞又把间谍喊回，再次叮咛，又增加赠送的银两。这样反复做了三次。金人间谍得到如此重大的情报，不敢耽误，赶快向金兀术报功邀重赏去了。金兀术得到岳飞密送给刘豫的假情报，信以为真，急忙驰告金熙宗，加紧了废除伪齐的部署。（《宋史》《金佗稡编》《金佗续编》《宋朝南渡十将传》均载有此事。但《宋史》记载有矛盾，将同一件事分别归于张浚、岳飞和王伦。现据《续通鉴》卷一一九所附《考异》的意见，把此事归于岳飞。岳飞巧妙地使用反间计有效果，但不是促使金废伪齐的决定因素。）

十一月，金熙宗先在太原、河间设元帅府，令伪齐军队听元帅府节制；并派兵屯戍于陈、蔡、汝、亳、许、颍之间，监视齐军行动；然后派挞懒和兀术，以配合伪齐南侵的名义，向汴京进发。兀术等约伪齐左丞相刘麟渡河到武城（山东武城）商议军计。刘麟毫不戒备，带了二百名骑兵赶至武城，落入了兀术布下的罗网，全部被擒。兀术、挞懒又率军马不停蹄驰赴汴京城下。兀术自领三骑突入伪齐宫中的讲武殿，露刃要挟刘豫上马，遂将刘豫禁于金明池。伪齐灭亡。刘豫的政权，由金人一手扶上台，又由金人一手撵下台。这就是傀儡政权的命运。

刘豫废罢后，改由金人直接统治，原伪齐统治下的河洛百姓，人心惶惶，更加盼望王师北上。岳飞感到这正是大举北伐的良机，立即上书朝廷，提出趁伪齐废去之际，捣其不备，长驱以取中原。可是，得不到回音。岳飞又致书给宰相赵鼎：

> 近得谍报，知逆豫既废，虏仓卒未能镇备，河洛之民纷纷扰扰。若乘此兴吊伐之师，则克服中原指日可期，真千载一机也。（**岳飞《致赵忠简书》**）

赵鼎在抗金的立场上虽然不如张浚、李纲等人坚定，曾经主张以黄河旧道为界。但他还是想等待有利时机北进，以图收复故土。因此，当赵鼎收到岳飞的信后，表示赞许，但他估计到高宗不会赞同，遂向高宗试探说："士大夫多谓中原有可复之势，当乘机进兵，恐将来不免议论，谓朝廷失此机会。"

果然不出所料，高宗立即批驳说："用不着担心外面的纷纷议论，现在太上皇（徽宗）梓宫，皇太后、渊圣皇帝（钦宗）都未还，如不议和，就没有归还的机会。"

忠心报国的岳飞，决不甘心错过这个大好时机。他又向高宗上书了，甚至不避嫌疑地在奏疏中提出增兵的要求，以便让他大举北伐。但岳飞这次上书的要求又落空了，不仅如此，高宗居然对大臣们说出这样的一番话来：岳飞所辖的长江上流范围广阔，宁可缩小他的管辖范围，也不能给他再增加兵力。当今诸大将之兵，已经难于分合调动。况且"末大必折，尾大不掉"，历来为人们所戒。（《系年要录》卷一一八，绍兴八年二月壬戌条）

岳飞出于北伐需要的增兵要求，竟被高宗曲解为扩充个人势力的野心！他甚至要大臣们注意"末大必折"的历史教训！

"末大必折，尾大不掉"，防范武将擅权，这是北宋太祖以来的祖训，成为赵宋历代君主防止地方藩镇权力过大、武将兵权过重的信条，高宗及南宋的一些文官们照例遵循不违。高宗抬出祖宗家法，目的是借此否定岳飞增兵的要求，否定北伐的谏议，以确保与金和议的实现。

绍兴八年（1138）二月，高宗从建康又回到了杭州，并宣布临安府（杭州）为行都。这是他坚持和议，主张南北分治，向金人作出的又一次表示。当时爱国军民无不愤慨，陷入了失望的深渊。而高宗一伙却沉醉于歌舞升平之中。正如南宋孝宗时林升《题临安邸》一诗中所讽刺鞭挞的那样：

山外青山楼外楼，西湖歌舞几时休？
暖风熏得游人醉，直把杭州作汴州！

岳飞心急如焚，在鄂州屡次上书朝廷，请出师中原，结果都如石沉大海，音讯杳然。

28 君相屈膝订和约　岳飞大义斥败类

绍兴七年（1137）十二月，王伦到了杭州，带来了“金人许还梓宫及皇太后，又许还河南诸州”的正式消息。高宗非常兴奋，加速了和谈的政治部署。三个多月后，高宗命秦桧为右丞相兼枢密使，此时虽然赵鼎仍任左相，但在政治上已不起作用。高宗和秦桧结成了妥协投降的政治轴心。这个政治轴心影响极大，使妥协投降势力成为朝廷中的主导力量，并影响到南宋以后各朝，致使终宋之世，“国家一统之业……裂而不复合”（罗大经《鹤林玉露》卷三《二罪人》）。

绍兴八年（1138）夏天，高宗派遣奉迎梓宫使王伦赴金。金熙宗也迅速派遣了乌陵阿思谋和石庆克随王伦前来南宋，具体商谈议和事。高宗亲自吩咐宰执说：“馆待之礼，宜稍优厚。”其实何止“宜稍优厚”，生怕是唯恐接待不周。并特命权吏部侍郎魏矼任馆伴使，全程接待金使者。

左丞相赵鼎、参知政事刘大忠、枢密副使王庶、监察御史张戒、兵部侍郎张焘、著作佐郎朱松等人，都对金人许以归还河南、陕西地来达成议和的用心表示怀疑。张戒对高宗讲："中原万里之地，耗尽兵力十年未能取之，现在无故复还，这不是十分可疑吗？"魏矼拒绝充任馆伴使。他对高宗说："顷任御史，尝论和议之非，今难以专对。"

秦桧责问魏矼为何不赞同和议，魏矼直截了当地提出敌人不可信的一些根据。秦桧气呼呼地说："公以智料敌，桧以诚待敌！"魏矼不让步，挖苦秦桧："相公固以诚待敌，第恐敌人不以诚待相公也！"（《系年要录》卷一一九，绍兴八年五月辛亥条）

朝廷中反和议的意见众多，理由也不尽相同，归纳如下：

其一，金人提出和议，是麻痹朝廷的缓兵之计，他们必将伺机再图南侵。岳飞说："此殆必有肘腋之虞。"礼部侍郎尹焞说："以金国内乱，惧我袭己，故甘言以缓王师。"（尹焞《谏讲和札子》，《南宋文范》卷十五）

其二，以和议作圈套，诱朝廷向金臣服。吏部员外郎许忻指出："彼以'诏谕江南'而来，则是飞尺寸书而下本朝……我躬受之，则为臣妾矣！"（《会编》卷一八七《许忻奏论和议不便》）

其三，金妄图以黄河新道之南、淮河之北的东西千余里"兵火之余、白骨未收"的凋敝之地，来换取岁贡数百万的实惠。正如枢密副使王庶所指出的，这是"彼无所施为，而坐收成功"。

这一片反对和议的声音，虽然充塞朝廷，可是只想偏安一隅、急于求和的高宗，是无论如何也听不进去的。但又找不出理由驳斥，他只好乞灵于封建孝道，哭丧着脸对臣僚们说：“先帝梓宫，果有还期，虽待二三年尚庶几；惟是太后春秋高，朕旦夕思念，欲早相见，此所以不惮屈己，冀和议之速成也。”（《宋史·秦桧传》）善于揣摩圣意的秦桧立即谄谀地说：“屈己议和，此人主之孝也。”但搬出孝道作为投降议和的理论，已是老调重弹，怎能说服臣下？更令人不解的是，钦宗不是还活着吗？为什么连提也不提了？为此很多朝臣仍旧坚持金人不可信、和议不可恃的观点，反对和议。韩世忠甚至主张立即与金决战，岳飞直截了当地指出金人讲和是“诡为此耳”。高宗看了这些奏章大怒，抗金不坚定的赵鼎只好服从圣意了。他一方面在同僚面前加以开释，一方面建议高宗要提“迎还钦宗”，并承认讲和“诚非美事”，是“将计就计”。于是高宗假惺惺地对朝臣们说：“讲和诚非美事，以梓宫及母兄之故，不得已为之。……敌人不可深信，但得梓宫及母兄今日还阙，明日渝盟，所得多矣。”（《系年要录》卷一二〇，绍兴八年六月丙子条）群臣听了高宗这番诏谕，感到不好再坚持反对和议了。

朝臣反和议的浪潮基本平息了，高宗自然想到下一步应该说服守边的大将了。因为这些守边的大将如坚持反对和议，只要在边境上制造一点军事摩擦，和议就无法进行。

韩世忠、岳飞一向主战，而岳飞更为坚定，更为务实，岳家军战斗力又最强。所以高宗决意召岳飞进京，要尽一切努力说服岳飞。

反对和议的斗争，岳飞何曾一日停止过？尤其是近一年来，正当宋金使者起劲地进行议和活动时，他依然积极地进行着挺进中原的准备。岳飞派出一批批人员，携带蜡书、旗帜潜入中原故土，去联络义兵，相约以“岳”字旗为号，一旦北伐，请他们立即响应。枢密副使王庶视师江淮，岳飞写信给他说：“今岁不举兵，当纳节请闲！”

宣召岳飞入朝的诏书到达鄂州，岳飞已猜到高宗的用意，他不甘心前去“就范”，声明要“乞归田野，以养残躯”。高宗也明白岳飞的用心，无非是要回避这次接见。高宗遂以“疾速前来行在”，“不许再有陈请”的严厉诏旨，迫使岳飞来到杭州。接见时，高宗无非又重弹他那套投降理论和“孝悌”的苦衷。鲠直的岳飞毫不隐讳地说出了自己的观点：“夷狄不可信，和好不可恃，相臣谋国不臧，恐贻后世讥议！”（《宋史·岳飞传》）岳飞的话似锥似箭，直刺秦桧心坎，“桧衔（怀恨）之”。而高宗对岳飞这番话又岂能坦然？

十月，金国派出江南诏谕使萧哲、张通古前来南宋商谈和约。金人使者的头衔竟称为“江南诏谕使”，公开称宋朝为“江南”，不承认宋朝是一个独立的国家；不叫“议和使”，而叫“诏谕使”，就是把高宗当作金国的臣子看待。

这是对南宋朝野的极大侮辱。人们被激怒了，再次掀起了反对议和的高潮。

在谈判中，赵鼎坚持以黄河旧道划分两国疆界，与秦桧意见不合，遭到秦桧党羽的严词弹劾，竟被罢相。宰执大臣之中，枢密副使王庶带头强烈地反对议和，上疏七次，向高宗面奏六次，他表示决不在议和文件上签押。秦桧与他争论，王庶蔑视地说："公不思东都抗节全赵时，而忘此敌矣！"秦桧大怒，纠集党羽弹劾王庶。王庶被罢去枢密副使的职务，他的职务由桧党羽参知政事孙近接替。秦桧还提拔勾龙如渊为御史中丞，以挟持舆论，弹劾异己。

枢密院编修胡铨在上疏中慷慨激昂地提出："义不与秦桧等共戴天日，区区之心，愿断三人（秦桧、孙近、王伦）头，竿之藁街，然后羁留敌使，责以无礼，徐兴问罪之师，则三军之士，不战而气自倍。不然，臣有赴东海之死，宁能处小朝廷求活耶？"（胡铨《胡澹庵先生文集》卷七《戊午上高宗封事》）胡铨的奏疏一上，反对议和的舆论势如潮涌，越涨越高。朝臣纷纷奏论和议之非，切责秦桧误国。秦桧及其党羽连忙进行反扑，将他们罢官的罢官，流放的流放。对于胡铨，他们更恨之入骨，因为胡铨的奏章大量散发，杭州都城吏民争相传阅，群情更加激愤，"喧腾数日不定"。高宗当初甚至要把胡铨"正典刑"，只是由于公论难违，无法下手。秦桧为了收拾这一局面，就去找范同商量。范同说："只莫睬，半年便冷了，若重行贬谪（流放），必成竖子（指胡铨）之名。”结果，改判胡铨昭州（广西平乐）编管为广州编管，总算没有送往“瘴疠地”窜死。

十二月，金使到达临安，要求高宗行拜受金国诏书之礼。爱国的官吏、军民看到金使者趾高气扬，义愤填膺；想到国家蒙辱，痛心疾首，纷纷落泪。主管宫殿禁卫的杨沂中、解潜、韩世良等感到后果难测，便到都堂找秦桧，请示说：“以主上受金书，欲行屈己之礼，万一军民汹汹，不能弹压，将若之何？”狡猾诡谲的秦桧不作回答。他们又到御史台，责问勾龙如渊：“今三大将（韩、岳、张）在外，他日见责：‘以尔等为宿卫之臣，乃令上行此礼！’不知何词以对！”杨沂中是高宗的心腹之将，连他都反对让高宗行“屈己之礼”，秦桧害怕高宗受不住反和议的“高压”，他向高宗提出议和事胜任不了，要求辞职，以此激怒高宗。岂知高宗早已听过勾龙如渊的汇报，当时就怒不可遏地说：“士大夫只为自身谋利，当初朕被金兵追赶到明州，那时朕即使向金人跪拜一百次，又有谁来过问？”现在连秦桧也要求辞职，高宗更加气愤，他说：“秦桧向来主张议和，现在也提出要辞职了，他走了无妨，将来金人只会找朕要脑袋，总不会要秦桧的脑袋！”

秦桧激将法成功，于是不顾一切地同金使进行和谈了。可是金使却要求先册封高宗为宋帝后，才能“徐议余事”。这件事本在意料之中，但要高宗亲自向金使跪拜受诏，一则朝论坚决反对，二则当时临安府、常州、镇江、绍兴等处民情愤激，大有一触即发之势。显而易见，此事绝不可行。高宗、秦桧煞费苦心，总算想出了一条计策，先由高宗向臣民表白一番说：“朕嗣守太祖、太宗基业，岂可受金人册封？”又斥责王伦一番，以此抚慰一下人心。再由秦桧向金使说明高宗正在“谅阴（守孝）三年”期间，不敢冒渎受诏，现已委派他为冢宰，代高宗跪拜受诏。金使因怯于宋军民的同仇敌忾，只好答应。当匆匆地演完了耻辱投降的丑剧后，于绍兴九年（1139）正月元旦，南宋朝廷正式宣告宋金和议达成。但南宋政府不敢将称臣纳贡的内容告诉人民，当时实际签订的条约是：

一、宋帝向金帝称臣。

二、金归还南宋河南、陕西之地。

三、金还徽宗灵柩和韦太后。

四、宋每年向金贡献银二十五万两、绢二十五万匹。（《系年要录》卷一三五，绍兴十年五月戊戌条）

钦宗归国问题，宋方谈判人员王伦、范同遵照秦桧透露的上意，缄默不提，尽管金使者曾几次暗示可将钦宗送回，宋方代表也装聋作哑，犹恐避之不及。

和议达成，高宗和秦桧沉醉于“胜利”之中。但他们每想起岳飞、韩世忠两位大将反对和议的坚定立场，不免心有余忧。为此，还在正式发表和约公告之前，高宗就给岳飞写了封御札：

已得大金国书，朕在谅阴中，难行吉礼，止是宰执代受。书中无一须索，止是割还河南诸路州城。此皆卿等扶危持颠之效，功有所归，朕其可忘（乎）？（《金佗稡编》卷二《高宗宸翰》绍兴八年条）

不管高宗如何吹嘘“胜利”，实质仍是“屈和”。岳飞闷闷不乐，对幕僚说：“敌人是决不会讲信用的。”

没过几天，高宗为庆贺和议成功，大赦天下。照例，大臣们都要向皇帝敬献贺表，岳飞借机叫幕僚张节夫起草了《谢讲和赦表》，写道：

念此艰难之久，姑从和好之宜……图暂安而解倒垂，犹之可也；顾长虑而尊中国，岂其然乎？……臣幸遇昌时，获观盛事。身居将阃，功无补于涓埃；口诵诏书，面有惭于军旅。尚作聪明而过虑，徒怀犹豫而致疑：谓无事而请和者谋，恐卑辞而益币者进。

臣愿定谋于全胜，期收地于两河。唾手燕云，终欲复仇而报国；誓心天地，当令稽颡以称藩！（《金佗稡编》卷十《谢讲和赦表》，按“遇明时”的“明”字，据《会编》卷一九二改为“昌”）

这一封《谢讲和赦表》，以诙谐讥刺的笔调、外柔内刚的手法，痛快淋漓地表达了岳飞对和议的不满、誓死收复故疆的抗金决心，成为传诵一时、振奋人心的檄文，而“秦桧读之切齿”。

与此同时，韩世忠对和议也十分不满，他在洪泽镇设下伏兵，准备袭击返回的金使张通古等人，“以坏和议”，结果计谋泄漏，未能成功。

高宗对岳飞、韩世忠反对和议的言行举止，当然是恚恨的，但为了维护和议，仍少不了韩、岳等大将守边，他只好隐忍。并且借举国庆贺、大臣照例加俸晋爵的机会，加岳飞为“开府仪同三司（从一品）”，又把岳飞的食邑户，从一千四百户增加到一千七百户，并特下“制书”，称岳飞“沉勇多算”，“机智若神”，“信义足以威三军，威名足以折千里”，以示恩礼殊厚。

当时韩世忠、张俊、刘光世同时加号晋爵，唯独岳飞四次上章力辞不受。岳飞沉痛地说：

> 今日之事，可危而不可安，可忧而不可贺。可以训兵饬士，谨备不虞；不可行赏论功，取笑夷狄。（《金佗稡编》卷七《行实编年》卷之四，绍兴九年条）

岳飞力辞不受封赏，并不是为了“立异于众人”，而是为了向朝廷敲起警钟，也是为了避免“将来虏寇叛盟”时被敌人取笑。但最后高宗特下“温诏”，不许再辞，岳飞不得已受之。

果不出所料，“盟墨未干”，第二年夏天，金人撕毁和约，发动了对宋的大规模南侵。

正由于岳、韩等抗战派未尝一日放松练兵和备战，因此不但能抗御金军气势汹汹的进攻，而且乘胜反击，直捣中原。

29 高宗畏敌命班师　岳飞抗诏惜良机

宋金议和不久，金国国内的兀术一派就起来反对还河南、陕西地于宋。兀术向金熙宗说：“挞懒、蒲卢虎与宋有勾结。”金熙宗遂以谋反罪处死挞懒、蒲卢虎等人。金兀术掌握了大权，他要以武力夺回河南、陕西地。绍兴十年（1140）五月，刚提升为都元帅、封越国王的兀术，在祁州元帅府，借诸路兵马大检阅为名，调动各路兵马，对南宋发起了全面进攻。金兵分东西两路：兀术统帅十万东路大军，以侵山东的聂儿孛堇军和河南的李成军作为左右翼，取道汴京下两淮；右副元帅撒里喝统率西路军，由同州（陕西大荔）出发攻陕西。

金归还河南、陕西地时，金国就通知南宋不许罢黜各地伪齐官吏，让他们“各守厥官”。为此宋高宗曾诏令诸大将“毋得过界”，原地驻防。所以，金兵南下得以长驱直入，河南、陕西地很快又为金所占有。

但当金军一接近南宋原来的防线，却立即遭到了猛烈的抵抗。

金西路军在川陕宣抚副使胡世将、吴璘、杨政、郭浩等将帅的英勇抗击下，到处碰壁。撒里喝望见大虫岭上吴璘的驻兵时，感叹地说：“善战者，立于不败之地，此难与争！”不得不退兵，保守凤翔。

金东路军重点进攻的区域是淮西，即张俊的防守区。而淮西宣抚司设在离前线较远的建康，在九个月之前，张俊还将原在庐州的八千人马调回建康驻屯，因此淮西防守力量十分薄弱。南宋政府虽然早已得到金准备败盟南侵的情报，却没有采取加强防御的军事措施。

纯粹是出于偶然，新任东京副留守刘锜带领一万八千名“八字军”（此时王彦已卒），从临安府搭乘九百艘船只前往东京。行至淮河涡口，听到金人败盟南下的消息，刘锜与将佐舍舟陆行，急趋顺昌（安徽阜阳）。这时又传来东京已陷落的消息，形势十分紧张。刘锜在顺昌守臣陈规的支持下，决心“破釜沉舟”，在顺昌与金人决一死战。在刘锜号召下，全军上下，凿沉船只，修筑工事，表示决不后退。刘锜还把柴火堆积在自家门前，说：万一不利，就烧焚我的家眷，决不让他们落入敌手遭受污辱。刘锜部署将佐守城门，加强侦探，招募百姓作哨探。“男子备战守，妇女砺刀剑”。“八字军”健儿互相激励说：“我辈自此出阵，未曾立功，今才至此，便遇大敌，须是出力报答国家！”（《会编》卷二〇一，杨汝翼《顺昌战胜破贼录》）

六天以后，金三路都统葛王乌禄以兵三万，与龙虎大王合兵，围攻顺昌。刘锜或用神臂强弩，或用步兵邀击，或遣骁将、募壮士雨夜袭击敌营。金兵大败，损失铁骑数千。都元帅兀术见败报后，自率十万大军驰往顺昌。兀术一到顺昌，察看城墙守御工事十分简陋，傲慢地说："这样破败的城墙，我用靴尖一踢就倒！"连连责骂四员大将（三路都统、龙虎大王、韩常、翟将军）不中用。

金军兵临淮河，大军压境，高宗急忙任命刘锜为"沿淮制置使"，要他守住淮河；一面下令岳飞速援淮西。岳飞当即派出张宪、姚政率军东进，牵制金军兵力，以解救顺昌之围。

刘锜在首战告捷的鼓舞下，面对十多万敌军毫不示弱。他抓住金军轻敌、远来疲乏、怕热畏暑等弱点，已先在城外的水源、草丛处撒了毒药，致使渴不择饮的金军人马大批中毒，战斗力大为削弱。刘锜又派人下书与兀术约战，兀术大怒，遂于六月九日，宋金二军大战于顺昌城外。上午，天气较凉，刘锜按兵不动；等到中午，天气酷热，金军已力疲气索，刘锜突然命数百人出西门，数千人出南门，手持锐斧，不声不响地冲向金兀术的中军。宋统制官赵樽、韩直身中数箭，仍战斗不已，战士们都拼死搏斗，刀劈斧砍，把金军打得大败。这一仗杀敌五千，金军横尸遍野。金兀术的三千精锐"铁浮屠"（亲兵）和号称"长胜军"的拐子马铁骑队，在这次战役中丧失十之七八。金兀术不得不于次日拔营退兵，顺昌解围。

当金军围攻顺昌时，即不到半个月的时间中，岳飞接连收到高宗六封诏书，可见高宗忧虑焦急之状。其中有一封诏书这样写道：

> 金贼背约，兀术见据东京。刘锜在顺昌，虽屡有捷奏，然孤军不易支吾。已委卿发骑兵策应，计已遣行。续报撒离喝犯同州，郭浩（宋永兴军经略使）会合诸路，扼其奔冲。卿之一军，与两处形势相接。……左可图复京师，右谋援关陕，外与河北相应，此乃中兴大计。卿必已有所处，唯是机会不可不乘！（《金佗稡编》卷二《援顺昌六诏》）

高宗授命岳飞“一援、二取、三收复”。“援”，东援淮西，西援关陕；“取”，图取开封；“收复”失土，北渡黄河。但究其本意，不过是想叫岳飞在中线出击，牵制金军东、西两路的进攻。但对岳飞来说，这道允许深入北伐的“王命”，已朝思暮想地整整等待十五年了！今日一旦得着皇帝的准许，他该多么兴奋喜悦！现在希望即将付诸实现，这才是最大的幸运，最高的赏赐！高宗信中所说“中兴大计，卿必已有所处”，从这点来说，高宗是猜对了，只是岳飞的处置不自今日始，而且图谋之宏大，部署之周密，都是其他诸将望尘莫及的。

早在议和期间，岳飞预见到金必败盟，宋金必再战，因此，他从未中断北伐的筹划工作。

第一，绍兴九年（1139）和议达成后，岳飞不顾高宗、秦桧的限制，就派河北路统领忠义军马李宝过黄河，串联河北忠义民兵在滑州境内活动。当金军败盟南侵后，李宝、孙彦便沿黄河东下进入兴仁府（山东定陶、菏泽一带）。这一支战斗力颇强的忠义军，正部署在开封的东面，牵扯了金人的部分兵力。接着，又派统制官梁兴、边俊、李喜等渡黄河进入太行山区，联络河东忠义民兵，使河东、河北忠义豪杰“相与犄角”。

以上是黄河北岸的部署。

第二，派撞军统制军马吴琦到陕州，在中条山集合忠义民兵，接应大军“掩杀金贼，收复州县”。陕州为西入关陕的紧要门户。吴琦在中条山的活动，既能切断侵入河南的金军李成部同入侵关陕的撒里喝部的联系；又能与增援郭浩的武赳部相为犄角，起到互为应援的作用；此外，还构成了掩护岳飞主力挺进的一个侧翼。

第三，从全局着眼，派最得力的前军统制张宪、姚政东援刘锜，派武赳带一支军马西援郭浩。

第四，派中军统制王贵、牛皋、董先、杨再兴、孟邦杰、杨成、郝晸、张应等，分别经略洛阳、汝州、郑州、颍昌、陈州、光州、曹州、蔡州等河南地，并夺取东京。

第五，岳飞自率一军，长驱北伐，俯瞰中原，伺机渡河，收复河北失地。

第六，沿江布防，除留守襄阳防区外，还分兵长江中游驻留池州。（叶梦得《石林奏议》卷十一《奏措画防江八事状》）

岳飞的措置规划，虽行之于今日，但却是十五年来听取了中原义兵首领、中原父老的呼声，与将佐谋士日夜筹划的结果。从这规划苦心经营的过程，也可看到岳飞一心为国、一心拯民的志愿。

得到高宗的准许后，岳飞立即率军奋迅疾驰，向中原挺进。

金人听到岳飞大军出动的谍报后，胆战心惊。不过，最害怕岳飞进军的却是卖国投降的秦桧。金人败盟毁约，对坚主和议的秦桧是当头一棒。秦桧怎能不担心皇帝怪罪而将他第二次罢相呢？于是，他对投机钻营的给事中兼侍读冯檝说："金人背盟，我的去向未卜，不知皇上心思如何，请你探听一下圣意。"冯檝自然照办，一天对高宗说："金人长驱犯顺，势须兴师，如张浚者，且须以戎机付之！"高宗一听，板下脸孔厉声地说："宁至覆国，不用此人！"

秦桧听了高宗决不起用抗战派张浚的信息后，高兴之极。他明白了，高宗采取妥协投降的政策没有改变。秦桧党羽御史中丞王次翁则进一步向高宗上奏说："前日国是，初无主议。事有小变，则更用他相，后来者未必贤。而排斥异党，纷纷累月不能定，愿陛下以为至戒。”王次翁这段话完全是为了维护秦桧的相位说的，却正合高宗的心意。因此不仅“桧位复安”，甚至“据之凡十八年，公论不能撼摇矣”。

既然高宗妥协投降的国策不变，因此，当顺昌解围，东、西战线都顶住了金军的进攻，局势又趋稳定时，必然又要考虑收缩战线了。高宗决不允许岳飞按照原计划深入，深恐再有一跌，妨碍今后的继续议和。高宗连忙派司农少卿李若虚赶到鄂州向岳飞传旨班师。

李若虚赶到鄂州，岳飞元帅府已开拔。六月下旬，李若虚赶到德安府（湖北安陆），向岳飞传达了高宗“兵不可轻动，宜且班师”的诏命。岳飞听了，大不以为然。他简直不相信皇帝竟会如此轻率地变更方针，他拿出接到不久的高宗亲笔信给李若虚看，那信上分明写着：

> 今遣李若虚前去，就卿商量。凡今日可以乘机御敌之事，卿可一一筹画措置，先入急递奏来。据事势，莫须重兵持守，轻兵择利。其施设之方，则委任卿，朕不可以遥度也。(《金佗稡编》卷二《援顺昌六诏》)

李若虚感到左右为难，面对现实：岳飞军已经按计划行动，像一面撒出去的大网，正罩向东京，并在收拢，发展下去，还有渡河挥师北向的希望，如果现在撤军，实在可惜；但君王命他传达口诏，如不尽职守，违反了皇帝的旨意，必将受到严惩。权衡了利害，李若虚不得不坚请岳飞退师。但岳飞决心北伐。他向李若虚讲了当初收复襄阳六郡，以及深入伊、虢，后来被召撤军的往事，表示那时已失去了进军的大好机会；如今东、西线我军都已取胜，形势有利，正是收复中原的时候。如果再错过了这样的良机，上对不起列祖列宗，也辜负了皇帝的恩宠，下对不起日夜盼望王师北来的中原父老，因此决不能奉诏，何况自古以来 “将在外，君命有所不受”。李若虚本是个反对议和投降的主战派，鉴于民族大义，毅然地说:“事既尔，势不可还。矫诏之罪，若虚当任之。”（《系年要录》卷一三六，绍兴十年六月乙丑条）

李若虚后来还朝虽没有遭到诛杀，却被秦桧罢了官。但他以个人的失官，支持了岳飞第二次的大举北伐。

30 大举北伐势如破竹　郾城一役威震敌胆

在岳飞大军挺进中原前一年，山东梁山泊附近，曾出现过一支拥有十万之众的忠义民兵。他们打着“岳家军”的旗帜，攻打东平府（山东东平），开展抗金斗争。岳飞的名字，无论在南宋境内或在金人占领的中原地区，人民闻之欢欣鼓舞，甚至“儿童识其姓氏”。中原人民盼着岳家军早日打过来。

如今，岳家军真的来了。中原人民眼含热泪，焚香顶礼，欢迎这支抗金铁军；忠义民兵更是群起响应，配合岳家军的北伐。

当金兀术从祁州南下，于五月十一日逼临东京，东京留守孟庾投降、兴仁府知府李师雄也跟着投降的时候，岳飞派出的统领官李宝、孙彦，此时正率忠义民兵从共城西山下来，并乘船沿黄河东下，至东京东北的兴仁府辖区向金人袭击，声势颇为浩大。金兀术要率大军南下，必须解除后顾之忧，遂派前军四千户带领四千人马回师至宛亭县的荆冈，企图扑灭这支义军。李宝严阵以待，还击金军。当他得悉在荆冈东面二十里地渤海庙下寨的一支敌军守备松弛的情报后，立即分兵两路，乘夜偷袭。半夜两路兵汇合，闯入金营后，挥舞刀斧砍杀金兵数百人；被惊醒的金兵来不及乘马，就落荒而逃，掉入河中不计其数。这一仗杀死金将鹘旋郎君和千户头目三人，夺到写着“都元帅越国王前军四千户”字样的白色军旗一面，马一千匹。当时金兀术屯驻东京，闻讯大惊。六月二日，他又派遣金牌郎君集结东京以北的女真军大队人马，攻打李宝。李宝统率忠义民兵机智灵活地击退了金军的进攻，追杀二十余里，杀伤敌军、缴获器械很多。李宝宛亭之捷，揭开了岳家军这次北伐的序幕，显示了岳飞“连结河朔”“收复中原”方针的威力。

六月十三日，统制官牛皋在北赴许昌途中，败金人于京西，传出了岳家军主力部队北伐的第一份捷报。

这时，张宪、姚政为策应刘锜，分散金军围攻顺昌的兵力，已经在光州、蔡州境内与敌军交战。

六月二十三日，统领孙显，在蔡州与陈州之间，大破金人裴满千户。接着，岳飞亲率精锐从德安府出发攻打蔡州，大破金守军，收复了蔡州，又获得大胜。（岳飞收复蔡州日子，据《宋史·高宗纪》和《金佗稡编》卷二《提兵至蔡州赐御札》，可定为六月二十八日前；又据岳飞在德安府会见李若虚时间在六月二十二日，可推定收复蔡州时间在二十五日左右。）六月二十八日，高宗亲笔嘉奖岳飞说：“提兵已至蔡州，暑行劳勚（疲），益见忠诚许国。……迟速进退，卿当审处所宜。”岳飞进军不久，即获大胜，高宗却提出“迟速进退，卿当审处所宜”。这绝不是一般的嘱咐，而是警告岳飞，进退行动要慎重。其中多少也流露了对岳飞违诏的不满。

闰六月十九日，岳飞军向金军退守的防线发起进攻。部将张宪、傅选受命攻打东京外围敌人三大据点之一的颍昌府。张宪、傅选在颍昌城南四十里处与金大将韩常大战，获胜。二十日，一举收复颍昌。岳飞帅府遂从蔡州开拔，向郾城挺进。岳飞任命马羽知蔡州。

岳飞第二个攻取的目标是陈州。陈州是东京南面的军事重镇，形势十分重要，为自古来兵家必争之地，金兀术已派翟将军重兵把守。岳飞大军指向陈州后，金兀术唯恐陈州有失，威胁东京，又从自己的大本营中抽调兵马火速增援陈州。岳飞则派出牛皋、徐庆两员大将，与张宪、傅选会合，夹攻陈州。

二十四日，在陈州郊外十五里处，宋金两军激战。张宪率部突破金军防线，金三千余骑兵无法抵挡，拨转马头连忙往城里逃窜。张宪遂分兵数路，向陈州浩浩荡荡并进。离城数里，金国翟将军已布好阵势，准备迎战。岳家军擂动战鼓，杀声四起，张宪、牛皋、徐庆、傅选率领部下，从四面八方冲进敌阵。翟将军顿时惊慌失措。金军失去了有效的统一指挥，乱了阵脚，狼狈而逃。这一仗，岳家军活捉了金将王太保，缴获了不少马匹。岳家军收复了陈州，拔除了东京外围金人的又一个重要据点。岳飞任命捷胜军统制官赵秉渊知淮宁（即陈州）府事。

二十五日，在颍昌前线，大股金骑前来袭击，企图夺回颍昌。岳飞部将中军统制王贵派董先、姚政等将领迎击。经过一个时辰的激战，在城北七里店大败金镇国大王及韩常所统率的六千余骑兵，并追杀三十余里。

在同一天，岳飞部将杨成又击败金军头领万户漫独化五千人马，收复郑州。郑州离东京只一百二十里了。

二十九日，准备将刘政夜袭退守中牟县的金军漫独化营寨，杀死大量金军，夺获战马三百五十余匹，驴骡一百余头及大量衣物武器。中牟县在郑州东面离东京只五十余里。

到闰六月底为止，岳家军所控制的地区，自东京东北面的曹州，至东京西面的郑州、西南的颍昌、南面的陈州，已经形成了一个对东京的包围圈。这时，韩世忠部将王胜收复了海州（江苏东海东），张俊部将王德收复了亳州。亳州靠近东京东南的前卫据点归德府（河南商丘）。

金军统帅兀术深为东京日益吃紧的军事局势忧虑，而高宗却向岳飞下了这么一道诏书：

览卿奏，知已遣兵下郑州。自许、陈、

蔡一带，形势皆为我有。大军去贼寨止百余里。想卿忠义许国之心，必期殄灭残虏，嘉叹无已。

然……兵事难以逾度，迟速进退，朕专付之卿也。……入觐无早晚，但军事可以委之僚属，即便就途。（《金佗稡编》卷二《高宗宸翰》，绍兴十年）

正当岳飞军北伐节节胜利、日益逼近东京的时候，高宗又对岳飞发出用兵不要“逾度”的警告，而且，突然要岳飞委军事于僚属，“即便就途”，赴临安觐见，这真使岳飞莫名其妙，百思不解。岳飞岂能在这战斗的紧要关头放弃统帅的职责？岳飞没有理睬高宗的乱命。

这时，善于迎合高宗、秦桧心理的张俊，禀承朝廷的旨意，乖乖地班师，弃亳州，渡淮河，退屯寿春。（《宋史·高宗纪》）

岳飞则专心致志、全力以赴地部署进兵东京的大会战。他派郝晸、张应、韩清于七月二日克复西京洛阳。金守将李成逃遁。岳飞任命中军统领苏坚知河南府事。同日，岳飞部将孟邦杰收复永安军，后来又收复南城军。这之前，李兴、苏坚等已收复伊阳、福昌、永宁等八县及汝州。至此，南自唐、邓、襄阳六郡，北至陈州、蔡州、嵩州、许州、郑州、河南府等地，即东京西面、南面的广大地域，已全部为岳家军所收复。

岳飞围攻东京的第一步行动计划，已经实现。第二步，即要切断金军北面的联系。

七月二日，回黄河南岸受命的梁兴、董荣，分头率军重返北岸，汇合河北豪杰赵云、李进、牛显、张峪等，带领忠义民兵占夺州县，掩杀金军，在收复绛州垣曲县（山西垣曲）后，沿黄河北岸向东进军。济源金将高太尉集中了孟州（河南孟州）、卫州（河南汲县）、怀州（河南沁阳）守军一万余人马，与梁兴、董荣等所率忠义民兵激战于济源，从日中一直厮杀到天黑，金军大败，金军步兵损失八成以上。高太尉带领残余溃逃。梁兴猛追金军不放，在翼城（山西翼城），又将高太尉打败，收复翼城。黄河北岸怀、卫、孟三州，全部为梁兴、董荣等忠义民兵将领所收复，并同河东李宝所据守的曹州连成了一片。

七月四日，来自河北赵州（河北赵县，靠近石家庄）的信使到达郾城岳飞军中，送来赵州收复的捷报。

敌人心腹地区赵州的收复，极大地鼓舞了敌后抗战军民的战斗激情。磁州、相州、泽州（山西晋城）、潞州（山西长治）、开德府（河南濮阳）、德州（山东陵县）、晋州、绛州、汾州、隰州（山西隰县）等黄河北岸广大地区的忠义民兵，都相互联络，约好以“岳”字旗为号，等待岳飞大军过河起兵。岳家军参议官高颖，为忠义民兵的巨大力量所鼓舞，自告奋勇地要求亲自过河去措置河北、河东、京东三路忠义军马，以“裨赞岳飞十年连结河朔之谋”。（《金佗稡编》卷十《令措置河北河东京东三路军马省札》）至此，在东京至山东、河北的通道上也布下阻击金军力量。

在收复洛阳的前几天，岳飞派遣的先锋军副统制吴琦也率领中条山忠义民兵收复了陕州，和收复虢州的武赳、知商州的邵隆部队声气相通，卡住了金军自中原入关陕的咽喉。

“用事于金贼腹心之中，而收功于疆场千里之外。”有战略预见的岳飞，在这次大举北伐的战役中，充分地发动了敌后的广大忠义民兵，发挥了他们的特长和威力，解决了岳家军兵力不足而战场辽阔的困难，从而有力地配合和支援了主要战场上的战斗。

在湖北京西路宣抚使兼河南北诸路招讨使的职权范围之内，岳飞调动了他的全部力量，实现了从东北、北、西北、西、西南、南六个方向对东京的包围。当时东京外围只剩下东南的商丘以及东京的东面地区，按职责，应由京东路、淮南东路宣抚处置使韩世忠进兵，岳飞自然不能越职行动，岳家军的力量也不允许再分兵东向，因此仍在金人手中。

这时韩世忠部队尚在海州（江苏连云港一带），离商丘远达千里，根本谈不上配合作战。张俊部队虽曾一度攻克亳州，较韩世忠部离商丘为近，但张俊几天后就秉承秦桧意旨，弃亳州南下至寿春屯驻。刘锜在顺昌，虽有进军北上壮志，但身不由己。

原来，就在这个月，朝廷命杨沂中为淮北宣抚副使，刘锜当杨沂中副手，为宣抚判官。不久，又把杨沂中调离，把刘锜调往镇江。调刘锜的朝命是这样写的：

顺昌府旧属京西，合拨属本路，并要岳飞分拨兵将，严为守备。刘锜候岳飞差到兵马，将所部起发，前去镇江府，听候指挥使唤。(《金佗稡编》卷十二《乞刘锜依旧屯顺昌奏》)

刘锜调任的朝命传到岳飞军中，真叫岳飞哭笑不得。岳飞的有限兵力，部署围攻东京尚感不足，哪有余力可抽调至顺昌防守？相反，此时正亟需邻近部队驰援，赶往东京东面、东南面配合作战，以完成对东京的全面包围，乘机收复东京。恼火的是，如今不见援军的一兵一卒，却居然调刘锜部队撤向长江南岸去。这不是釜底抽薪吗？岳飞觉察到朝廷中有一股投降势力在牵扯自己的军事行动。他感到正面与敌人作战，力能胜任；与背后的投降派斗争，实在太难应付了。

岳飞刻不容缓，一连写了三道《乞刘锜依旧屯顺昌奏》，其中第三道奏章说：

（本司）所管军马，已分布调发前去陕、虢、西京（洛阳）、陈、蔡、颍昌、汝、郑州一带，并已有差往河东、河北措置事宜。已

> 两次申奏，乞将刘锜一军，且令于顺昌府屯驻。庶几缓急时可以照应去讫。

然后，又上了《乞乘机进兵札子》，陈述了七月上旬东京前线的有利形势：

> 比得卫州忠义统制赵俊差人赍到申状……已收复赵州了当。又遣本司统制梁兴、董荣两军过河。河北州县往往自乱。民心皆愿归朝廷，乞遣发大兵，前来措置。臣契勘金贼近累败衄，其虏酋四太子等皆令老小渡河。惟是贼众尚徘徊于京城南壁一带，近却发八千人过河北；此正陛下中兴之机，乃金贼必亡之日。若不乘势殄灭，恐贻后患。伏望速降指挥，令诸路之兵火急并进，庶几早见成功！（《金佗稡编》卷十二）

对于朝廷中的投降派可能破坏北伐，岳飞早有所警惕；对于同僚中如张俊、杨沂中等人因嫉功观望，岳飞也有所预料。他曾经对李若虚说过："敌人不日授首矣，而所忧者，他将不相为援。"（《系年要录》卷一四四，绍兴十二年正月戊申条）岳飞的预言，不幸很快地变成了现实。这是高宗、秦桧一手造成的。

面对南宋朝廷中主和势力对北伐的屡次阻挠、高宗对北伐的暧昧态度以及诸大将缺乏协同配合，个别的甚至以邻为壑的现实，岳飞估计到自己可能会成为北伐的一支孤军，因此，他一面向朝廷累请友军配合，一面已做好孤军奋战的准备，把主力放在颍昌和郾城，加强对东京进攻的力量。其具体措施是：

一、“依旧为朝廷守湖北、京西两路。”凡在不属上述两地区内担任防务的兵力，全部抽回。这样，不但分布在河南府路的人马可以调出，而且原属河南府路的汝州、蔡州以及原属淮南西路的蕲、黄、光三州的兵力也可以调出。

二、“号令归一。”要求将校不兼任跨越本宣抚司任命之外的职务。这样，如朝廷任命的知河南府兼河南府路安抚使的李兴，要么做河南守臣，要么任宣抚司军职，听统帅部调遣，避免一身两用以致“照应不一”，反而贻误军机；由川陕宣抚司任命知陕州的吴琦，知虢州的武赳的职务也应予以卸免。吴琦仍专负本司赋予的“纠集忠义民兵、据险保聚、捍敌金贼”的使命，以卡住金军东、西两路交通的咽喉。武赳的一军人马，则“发还本司，应副（付）使唤”。这样就可抽出不少兵力和将校。

岳飞正在做着这种筹划，力图依靠本部的力量来攻取东京时，敌人却抢先行动了。

金兀术于闰六月下旬，已窥察到南宋朝廷没有派韩、张、杨、刘诸大将出动与岳飞呼应的动向，但他畏惧岳飞，这次“且有河北忠义响应之援，其锋不可当”，因此未敢轻动；他召集龙虎大王等在东京商议对策，决定“诱致王师，相近汴都，并力一战”。（《金佗稡编》卷二《高宗宸翰》绍兴十年）可是，用兵如神的岳飞除了派遣牛皋等在颍昌和开封之间袭击外，却将重兵集结在颍昌、郾城一线待机。兀术诱歼岳家军的计谋未能得逞。

七月八日，兀术亲率由龙虎大王、盖天大王赛里、韩常大将军部领的一万五千骑兵，取小路奔袭岳飞统帅部所在地的郾城。

当金军到达郾城外二十余里处，就遇到岳云带领的“背嵬”马军、姚政的“游奕”马军的迎敌。岳云出阵之前，岳飞严肃地对儿子说：“必胜而后还，如不用命，吾先斩汝矣！”为了对付金军“铁浮图”和快速的“拐子马”骑兵战术，岳飞便命骑兵将士，手持用麻绳捆扎好的长竿快刀、大刀、快斧上阵，并选定在申时（下午三时至五时）后与敌交战。

鏖战空前激烈。岳家军骑兵刀砍敌军马脚，斧劈鞍上的敌军将士，在马背上与敌人肉搏格斗。金军骑兵也拼命厮杀，失利后，他们重新集结编队，退而复进。岳家军则“或角其前，或犄其侧”（张嵲《紫微集》卷十二《梁吉等为与乌珠接战获捷各转一官制》），即一会儿集军于正面，与金军较量角斗，一会儿又分兵猛击金军侧翼，牵制金军正面的进攻。由于岳家军的战术机动灵活，使金军“铁浮图”“拐子马”发挥不出威力。双方激烈交锋了数十次，金军仍然不退。骁将杨再兴单骑冲入敌阵，欲生擒兀术未获，被金军围困。他毫不畏惧，奋勇作战，结果手杀数百人，自己也负伤达数十处。在岳家军将士凌厉无比的攻击下，金军终于败退了。这一仗，杀得金军尸横遍野，缴获金军战马二百余匹。

七月十日傍晚，金军反扑。在郾城县北的五里店地方，金前锋一千骑飞奔而来，大队伍在后面迤逦跟进。得到探报后，岳飞立即传令出发，他自己也披甲执锐，准备厮杀。都训练霍坚见主帅岳飞亲自上阵，立即拦住马头劝谏说：“相公为国重臣，安危所系，奈何轻敌？”

岳飞不听劝阻，霍坚则拦住马头不放，奈何军情十万火急，岳飞不得已往霍坚手上抽了一鞭，乘霍坚松手的机会，策马冲向前去。这时敌骑已在五里店摆开了“一字阵”势。岳飞一眼瞥见敌阵中有个盔甲上披紫袍的将领，当机立断，挥师向他猛冲过去。岳飞一马当先，部将及亲兵们紧紧相随。穿紫袍的金将不及招架，已被岳飞一刀连头带手臂劈为两半。岳家军将士乘机奋力杀敌。经过一番恶战，金军又被击溃。岳家军策马追击二十余里，获得大胜。事后打扫战场，从穿紫袍的尸体上搜到一枚红漆牌，写有“阿李朵孛堇”字样，才知是金军的重要将领。

郾城大捷，不同于顺昌大捷。顺昌大捷是在守城战中打败金军精锐骑兵，而郾城大捷，却是在平原旷野上两方骑兵的大会战，也是双方骑兵战术的大较量。这两次大战表明无论攻或守，宋方都能战胜金军“铁浮图”“拐子马”的战术，从而粉碎了“铁浮图”“拐子马”不可战胜的神话。为此，连兀术也不得不悲叹说：“自海上起兵，皆以此胜，今已矣！”（《金佗稡编》卷八《行实编年》卷之五）

郾城大战的捷报飞递到南宋朝廷，高宗览奏后感到高兴，因为岳飞的胜利能够逼迫金人重新言和。高宗兴奋了起来，亲笔嘉奖岳飞：

> 览卿奏，八日之战，虏以精骑冲坚，自谓奇计。卿遣“背嵬”“游奕”迎破贼锋，戕其酋领，实为隽功。然大敌在近，卿以一军独与决战，忠义所备，神明助之，再三嘉叹，不忘于怀。（《金佗稡编》卷二《高宗宸翰》）

三省、枢密院还奉高宗旨意，赏赐金千两、银五万两、钱二十万贯。

兀术不甘心失败，不久又统兵十二万，在颍昌和郾城之间的临颍布阵，要与岳飞再作决战。

七月十三日，岳飞派遣张宪统率“背嵬”“游奕”诸军人马，奔赴小商桥北至临颍一带迎击敌人。骁将杨再兴领三百轻骑作先锋，探听虚实。刚到小商桥，骤遇金军大股部队。杨再兴及三百骑兵陷于金兵重重包围之中。杨再兴毫不畏怯，率领战士浴血奋战，斩敌三千余人，其中有万户撒八孛堇以及千户百人。杨再兴和他的三百名壮士全部壮烈牺牲。后来找到杨再兴尸体火化时，发现他身上所中的箭镞竟达两升之多。

不久，张宪统率的大部队赶到，击退了金军。兀术连夜逃遁。张宪再克临颍县。第二天一早，巡逻兵在城南发现敌军先头兵马，张宪迅速派兵追击。金军遂分兵奔向尉氏县和颍昌府。奔往颍昌府方向的金军由兀术率领，计有镇国大王、大将军韩常统率的三万骑兵。其目的是一鼓作气攻取颍昌。

岳飞运筹帷幄之中，决胜于千里之外。他预料兀术必回师颍昌，早在十三日晚上，已命岳云带“背嵬”亲军火速驰援颍昌。待到兀术军列阵于颍昌西门外时，岳飞援军已先于金军到达颍昌。七月十四日，颍昌守将王贵令董先、胡清守城，自领中军，姚政领“游奕”军，岳云领“背嵬”军出城迎战。金军在舞阳桥南列阵十余里，金鼓之声，摇撼城堞。

岳云出战前，命令部下说：“不要在战斗过程中去牵战马，去抓俘虏；必须听从梆声行动。”岳云说罢，领八百骑兵冲向敌阵，左、右两翼步军跟进。这一仗从早晨到中午鏖战两三个时辰。岳云与敌交锋数十回合，全身大小伤口百余处，盔甲、战袍血迹斑斑，仍英勇战斗。岳云、姚政所率岳家军将士，无不抱着血战到底的决心，以一当十，

"人为血人，马为血马"（独王贵见兀术军兵马壮盛，一度怯战，当场受到岳云的呵责，后来又受到岳飞的严厉处分），双方相持不下。幸亏守城的董先、胡清二将见鏖战多时，胜负难分，主动率领部伍出城参战，扭转了战场形势。在岳家军奋力搏斗下，最后打败了金兀术亲自指挥的三万骑兵。这一次恶仗，岳家军杀敌五千余人，杀死三品官金统军上将军夏金吾一人，千户五人。在敌人溃退时，俘虏军官七十八人，小卒二千余人，战马三千余匹，金印七枚。兀术狼狈逃窜。四品官副统军粘罕孛堇身受重伤，被部下护送至东京身死。

七月二十八日，张宪统率的大军，经临颍东北向东进军途中，又与金军五千骑兵遭遇。统制官徐庆、李山、寇成、傅选领骑兵大败金军，追杀十五里，并缴获战马一百匹、器甲无数。

郾城—颍昌大决战，自八日开始至十八日收尾，历时十一天。金军由其军事统帅兀术亲自指挥督战，可以调动各方人马，在兵力上超过岳家军二至三倍，战马、械甲也远胜岳家军，而且还有内线作战的有利条件；但岳飞指挥得当，料敌如神，将校用命，士气激奋，虽然无友军之配合，仍能每战必胜，击败金军十余万人马的轮番反扑，歼金军近二万之众。岳飞不愧为用兵如神的统帅，岳家军不愧是所向披靡的劲旅。

岳飞信心满怀，决心向朱仙镇进军。

朱仙镇位在东京西南的四十五里地。兀术得知岳飞向朱仙镇挺进，赶忙集结部队，准备与岳飞军对垒。

两军交锋时，岳飞命骁将率五百“背嵬”军先出阵，谁知刚打了第一个回合，金军大部队就惊慌溃逃，奔回东京。

经过几次较量，金军无不败北，实难抵挡岳家军勇猛无比的攻势了。他们惊呼：“撼山易，撼岳家军难！”雄心勃勃，一心想以武力并吞南宋的兀术，是金军将帅中最善用兵的统帅，他也哀叹道：“自我起兵北方以来，未有如今日之挫衄！”金帅乌陵思谋向来以治军阴险狡猾著称，如今他生怕部队散走，或自投岳家军，不得不顺着军心欺骗说：“毋轻动，俟岳家军来即降！”

这时，金统制官王镇，统领崔庆，将官李觊、崔虎、华旺，甚至禁卫龙虎大王的部将高勇及张仔、杨进等，都从河北渡河，千里来投岳飞。大将韩常也暗自派人至岳飞帐中，表示愿率部归附岳飞，岳飞非常高兴，并派贾兴示复。兀术见形势日蹙，准备弃东京北还。

收复东京，指日可待。岳飞十分兴奋，对部下激动地说：“直抵黄龙府，与诸君痛饮耳！”（邓广铭先生认为，岳飞所说的黄龙府，即指今日的北京，见《文史》第七辑《“黄龙痛饮”考释》一文。）

31 金牌十二命退师　岳飞悲愤离中原

在黄河北岸的大平原上，传遍了郾城—颍昌大捷、朱仙镇大捷的好消息。金占区的父老百姓，他们牵牛挽车运送干粮、粟谷给敌后的义军，还在大路边引颈眺望岳家军的到来。对这一切，金方官吏睁一只眼闭一只眼，无可奈何。聚保山寨抗金的两河忠义民兵，更是闻风响应。梁兴派人送信至岳飞军帐中，说："河北忠义四十余万，皆以岳字号旗帜，愿公早渡河！"（《金佗续编》卷十四《忠愍谥议》）军事上的胜利，民心的向往，使岳飞极受鼓舞。

这时，兀术陷于窘境之中，日益感到东京难保。他已打算夜弃汴京北撤，有个太学生求见兀术，谏阻道："太子毋走！京城可守也！岳少保且退矣！"金兀术感到奇怪，忙问："岳少保以五百骑破吾精兵十万，京师中外日夜望其来，何谓可守？"太学生自信地说："不然，自古未有权臣在内，而大将能立功于外者！以愚观之，岳少保祸且不免，况欲成功乎？"（《金佗稡编》卷八《行实编年》

卷之五）兀术听了他意味深长的谏议，顿时有所感悟，于是暂留不动。

诚如那个太学生所分析的，当时，尽管岳飞节节胜利，捷报屡奏朝廷，但高宗、秦桧反而加速逼迫岳飞班师。高宗与秦桧在屈膝求和的政治立场上是一致的，但各自动机却有所不同。

首先，就高宗来说，对金人始终深怀恐惧，失败主义情绪一直支配着他，扬州的惊慌渡江，明州的下海逃窜，他记忆犹新，惊魂未定。他对现有的军事力量和各大将部属的作战能力也估计不足，所以即便在军事上每每胜利的情况下，高宗仍深恐“万一有跌”，将重现扬州、明州的往事，为此屡诏岳飞不要“逾度”。高宗此次诏谕岳飞北伐，其目的，本来也只希望岳飞在陈、蔡以南打几个胜仗，以迫使金人重开和议，如今目的既已达到，岂能冒险深入？

其次，高宗对诸大将疑忌之心太重，唯恐大将们在北伐中增重威望，扩大权力，将来造成挟重兵以干朝政，甚至重蹈五代藩镇割据篡权的故辙。因此，他千方百计地要驾驭他们，宁可置大片失地于不顾，而偏安于江南一隅，也要限制大将们的权力。此次李若虚前去宣诏，高宗已感到岳飞不尊朝廷，心怀不满。如再不收兵，岳飞一旦打过了黄河，威信势必更高，实力更强，这是高宗决不能允许的。

再次，高宗也可能从中原民心的向往、岳家军战斗力之旺盛，估计到岳飞有可能挥师渡河，直指燕云。经过一番权衡得失，高宗感到若岳飞进一步胜利，必然增加钦宗回来的可能性；而钦宗回来，则对自己不利。

秦桧洞察了高宗复杂的内心世界，因此，即使在金人败盟之后，他仍敢力主和议。他靠主和而得宠而居相位，一旦失去和议的形势，他就可能失去一切，甚至身家性命也难保。如今宋军在军事上的捷报频传，对他的既得利益无疑是严重威胁。秦桧的心腹之患是岳飞，因为岳飞抗金最为坚决，反对和议最为激烈；在战场上，又是岳飞取胜最多，军功最著。如不从中制约，宋军将进一步取得优势，到那时，后果将难以设想。为此，秦桧想方设法要使诸大将作战失利，尤其要使锐不可当、金军闻之丧胆的岳飞军失利。

当时南宋战场的形势是：西线，吴璘取守势；东线，韩世忠在淮东，未能紧密配合岳飞军的中线突入，但能起到遥相呼应、牵制金军兵力的作用；中线是主要战场，有三大将坐镇，即岳飞、刘锜、张俊。于是，高宗与秦桧便从韩世忠、张俊、刘锜三大将的布防上打主意了。他们命权吏部侍郎周纲至韩世忠军，传达稳住淮东的旨意，即不准韩部继续前进。

其次，将顺昌之捷中卓有贡献的守臣陈规，调任知庐州，守淮西。“（刘）锜方欲进兵乘敌虚，而桧召锜还”（《系年要录》卷一三六，绍兴十年闰六月己亥条），并将刘锜调往江南的太平州。

接着，命张俊从亳州引兵还寿春，退至淮河以南。

以上的军事调动，必然造成岳飞军在东京西面、南面孤立突出的态势。高宗认为这就能逼使岳飞奉诏退师。秦桧认为非但岳飞不得不退师，而且有可能陷入金军的包围，这样他就可以借金人之手，消灭岳飞军，雪自己心头之恨！金军自然很快注意到了南宋政府的军事调动，立即作出了反应。于是兀术集中全部兵力达十二万，插进岳飞统帅部所在地的郾城和岳家军重兵集结地颍昌之间的临颍，企图将岳家军从中间分割，再分头消灭岳家军。

然而，岳家军“孤军一军，独与决战”，不但没有被包围被打败，反而将金军打得大败。沉重打击岳飞的阴谋未能得逞，秦桧只好降格以求，想方设法迫使岳飞军退兵了。秦桧串通了张俊、杨沂中，并唆使谏官罗振向高宗上了一个奏本，奏中说：

兵微将少，民困国乏，岳某若深入，岂不危也？愿陛下降诏，且令班师。（《会编》卷二〇七《岳侯传》）

张俊是善观朝廷风向的，杨沂中是高宗的心腹之将，可想而知，他们是附议罗振的主张的，而且高宗本意就是稍胜而退师，以迫金人重归于和。因此这道奏章一上，高宗立即下诏命岳飞措置班师。岳飞收到班师诏，正是郾城—

颍昌战役以后，准备直捣东京的时候。岳飞禁不住怒火中烧，于七月十八日，刻不容缓地向高宗上了一道“言词激切”的《乞止班师诏奏略》：

> 金虏重兵尽聚东京，屡经败衄，锐气沮丧，内外震骇。闻之谍者，虏欲弃其辎重，疾走渡河。况今豪杰向风，士卒用命，天时人事，强弱已见。功及垂成，时不再来，机难轻失！（《金佗稡编》卷十二《家集》卷之三）

高宗收到岳飞这一封强烈反对班师的奏章，十分恼怒。但考虑到岳飞远在数千里之外的前线，为防止意外，必须克制一下，他给岳飞下了一道语气婉转的御札，说什么“卿且少驻近便得地利处”，同时严格限制岳飞不得单独进军，除非：一、经过与杨沂中、刘锜“同共相度（商量）”；二、要“有机会可乘”；三、“约期并进”，才可以行动。这三个条件，就是逼迫岳飞完全停止军事进攻。然而，这封信还没有到达郾城前线，岳飞已挥师向朱仙镇进军了。

几乎与岳飞进军朱仙镇同时，或者更早几天，从杭州凤凰山皇宫中，接连发出十二道金牌。［李心传《建炎以来朝野杂记》乙集卷九《金字牌》中说：“（金字牌）日行四百余里”，“近岁邮置之最速者”。］红漆金字的木牌油亮炫目，“过如飞电”。行人望见骑着快马传送金字牌的“急脚递”，闪避犹恐不及。这十二道金牌，皆由高宗皇帝亲自签发，从杭州至朱仙镇长达二千一百多里路，以日行四百余里的最快速度，驰送岳飞幕府。金字牌的内容是：“飞孤军不可久留，令班师赴阙奏事。”如此紧急的举措，无非表明皇帝的诏命绝不许违背。这是向岳飞和岳家军施加的高压，便是只许立即执行，不容稽缓。

岳飞收到这十二道金牌，好像当头倾下一盆冷水，眼看大胜在望，又将功亏一篑，且不说自己十年的苦心经营成幻影，更痛心的是，如何向跟着自己出生入死的将校士卒交代？如何向中原父老交代？命令中“不可久留”四字，在岳飞看来，特别阴森可怕。岳家军这一支四五万人马的队伍（徐规《朱仙镇之役与岳飞班师考辨》，《杭州大学学报》1978 年第 1 期），主要靠朝廷漕运保证供给，如果抗诏，一旦高宗下令切断对岳家军的粮饷辎重供应，那不是置岳家军于危境吗？

痛苦、愤怒到了极点的岳飞，时而仰首长叹，时而扼腕而泣。最后他只好朝着东方（那里是东京，住着日夜盼望岳家军前来收复的父老兄弟）揖手拜道：“十年之功，废于一旦！”岳飞班师，中原父老百姓大失所望，遮道拦住岳飞的马头恸哭，诉告：“我们头顶着烟火缭绕的香盆，亲手赶牛车运粮运草，以迎接官军，我们的一举一动，金人统统知道。岳统帅一去，我们必遭屠戮，难以存活了！”岳飞勒住马头，泣不成声，叫僚属取出皇帝诏书给大家看，沉痛地说："朝廷下诏书，我不能擅留在这里。"

回师之旅，行至蔡州，各地百姓组成的数百名代表出来挽留。岳飞把朝廷诏书摆在桌子上，大家相视而哭，心酸肠绞。蔡州人民备遭金军往来烧杀掳掠的痛苦，不愿做亡国奴，一定要跟岳家军走。岳飞思想激烈地斗争着：大军不能留下不走，人民的苦难又不能漠视不顾。他决定把愿意南下的老百姓安置在襄汉六郡。这消息一宣布，蔡州父老百姓欢欣鼓舞，南下的人群，络绎不绝，挤满道路。岳飞为了保护群众往襄汉搬迁，在蔡州停留了五天。与此同时，又派李山、史贵分别接应在河北的梁兴、守陈州的赵秉渊归来。

这些工作料理完毕，岳飞遣王贵、张宪率大军屯驻襄、鄂。自领二千亲兵经顺昌渡淮河，奔赴临安府去了。

岳飞班师后，业已收复的京西大片土地，重新陷入敌人之手。当时，被扣在金国的宋使洪皓，写信给母亲说："及顺昌之败，岳帅之来，此间震恐。未几而岳帅军回，吴璘兵大败，河南、关西故地，一朝复（为金）尽得。"（洪皓《鄱阳集·拾遗》）这是看得到的直接损失。

而由高宗、秦桧一手造成的严重历史后果，则是无法挽回的。一年后，当岳飞向高宗奏对和议不便时，还抑制不住内心的愤懑，他说：

臣提兵深入虏境，颍昌之战，我兵大捷，

虏众奔溃，潜入汴京，当时若得戮力齐心，上下相副，并兵一举，大事可成。（《会编》卷二〇七引《岳侯传》）

据历史记载，岳飞的声威在他被害后二十年，还使金人不寒而栗："逆亮（金海陵王完颜亮）南寇，胡人自谓：'岳飞不死，大金灭矣！'"（薛季宣《浪语集》卷二十二《与汪参政明远论岳侯恩数》）

32

金军夺地占城　岳飞再援淮西

岳飞被迫班师南下后，金军又趾高气扬起来，夺地攻城，咄咄逼人，把宋淮北宣抚副使杨沂中五千骑兵打得落花流水，杨沂中只身从宿州逃回淮河边的泗州。收复中原的大好形势被彻底葬送了。

事到如今，岳飞总算看透了高宗、秦桧，只要他们当朝，休想伸展收还故疆的平生大志。岳飞越想越气，于途中上章要求解除兵权，并不等皇帝批复，折往九江，又到庐山母亲墓地“守丧”去了。

但高宗不准岳飞辞职，仍然命他赶赴行在。九月上旬，岳飞快快不乐地到了杭州。高宗对岳飞这次擅自离职上庐山更加疑忌，岳飞对高宗的言行不一、姑息纵敌的行径，也非常气愤。

这一次朝见，气氛十分冷淡。高宗一而再地向岳飞垂询国是，鲠直的岳飞则一而再地拜谢不答。高宗料定岳飞是对郾城班师心怀不满，因此对岳飞大加训斥道：

凡为大将者，当以天下安危自任，不当较功赏。彼以功赏存心者，乃士卒所为。至于朝廷待大将，亦自有礼，如前日边报之初，除诸将便加师保，岂必待有功乎？（《系年要录》卷一三七，绍兴十年九月己酉条）

真是颠倒黑白，岂有此理！到底谁不“以天下安危自任”？高宗不反躬自问，反而把志逐金人、收复故疆的岳飞污蔑为贪图个人功名的利禄之徒，这是投降主义的逻辑。岳飞知道辩也无用，强烈地克制自己，始终不答、不辩，“第（但）再拜谢”而已。这次朝见后，高宗对岳飞更为不满，岳飞重返鄂州。

绍兴十一年（1141）正月，兀术从燕京又回到东京。岳飞的军事情报工作做得好，很快就得到兀术准备渡淮进攻寿春的消息。眼看敌人又要南侵，国家即将再一次面临危急，岳飞义无反顾，迅速拟出了抗击金军的方略，向高宗上了《乞命诸帅兵破敌奏》。结果这封奏章被秦桧扣压。

正月十五元宵节，金军果然侵犯寿春。张俊部下雷仲弃城逃跑，寿春陷落。高宗急忙派淮北宣抚判官刘锜领兵二万，自太平州渡江以援淮西；急命淮西宣抚使张俊从临安府赶赴建康拒敌；又派殿前都指挥使、淮北宣抚副使杨沂中带领禁卫师三万人，从杭州飞奔淮西前线。

兀术军渡过淮河，一路南下，攻陷合肥、含山、历阳，前锋临近长江。

遇到军情紧急，高宗又想到只有岳飞才能救应。于是，左一令，右一诏，催岳飞驰援淮西，进兵九江。高宗一心指望的是“挡”，把金人挡在长江以北；岳飞想的是“灭”，把南侵金军消灭，收复故疆，以解国家根本之危。因此，岳飞的方略，远不是“头痛医头，脚痛医脚”的消极防御。他向高宗指出，东向进援九江，必为敌人所料，而出奇制胜用兵方案有二：一是长驱京、洛，捣虚端巢，使敌疲于奔命，稳操胜券；二是自蕲、黄深入，绕敌背后，与淮西军南北合击，把兀术军围歼于江淮之间。

第一个方案，高宗自然不会采纳。第二个方案，差强人意，于是高宗采纳了。

二月九日，岳飞得到高宗手诏，同意他自蕲、黄出兵。岳飞下达了准备出发的命令，部队花了两三天时间，做了紧张的准备。

十一日，他不顾身患寒嗽病（感冒之类），挥师出征，进援淮西战场。为此，高宗特发信嘉奖：

> 得卿九日奏，已择定十一日起发，往蕲、黄、舒州界。闻卿见（现）苦寒嗽，乃能勉为朕行，国尔（而）忘身，谁如卿者！（《金佗稡编》卷三《高宗宸翰》，绍兴十一年《援淮西一十五诏》）

自武昌至舒州，一千余里。在岳飞赶临之前，刘锜的“八字军”和杨沂中、王德所率部队共八万人马已会合，在合肥东南、巢县北面的柘皋镇，打败了十万金军，收复合肥。

张俊是个善于奉承拍马、妒贤忌能、利禄熏心之徒。一方面，他和高宗的爱将殿前都指挥使杨沂中结为心腹，想借杨沂中之力进一步得宠于高宗。另一面，忌妒后起之秀刘锜，在这次柘皋大战中，不但不给刘锜报功，还把战功全归于他自己和杨沂中两人。而且，害怕武将权大的高宗，明令三大将互不受节制，张俊却摆资格，竟召集杨沂中、刘锜商议军事。张俊叫刘锜率“八字军”回太平州，自己和杨沂中一同到濠州（安徽凤阳附近）去“耀兵淮上”，即去耀武扬威一番。谁知刚出发不久，谍报说金军围攻濠州很急，张俊一听，立即吓得“茫然失色”，慌忙又叫刘锜回来壮胆，又合军去解濠州之围。三军进至离濠州六十里的黄连埠，濠州已经陷落。不久，逻卒报告说：“金兵已全部退出濠州。”张俊不辨真假，忙派人通知刘锜，“已不须太尉（指刘锜）入去”，叫刘锜先回当涂（太平州）。他和杨沂中继续前往濠州去耀武扬威。杨沂中和张俊的部将王德在四更时离开黄连埠，中午赶到了濠州城西，立阵未定，濠州城楼上突然升起乌黑的烽烟，霎时间，尘土飞扬，喊声震天，金军埋伏的一万骑兵，分两翼包抄过来。杨沂中失去镇静，慌慌张张地挥动令旗，刚开口说：“那回……”部将一听以为是命令撤回，掉转马头就奔，几万人马像决堤的洪水，一溃不可收拾，被金军骑兵杀得尸横遍野。杨沂中从临安府带来的三万禁卫军，几乎全成了淮河边上的白骨。杨沂中又一次仅以身免，逃跑回来。

这时，岳家军已开入淮西战场。岳飞一接到濠州告急的军情，立即从定远（安徽定远）起程。金军得知岳家军浩浩荡荡地向濠州挺进的消息，赶紧从濠州逃遁。

岳飞又一次进援淮西，结束的时间是绍兴十一年（1141）暮春三月，这是岳飞最后一次抗金斗争。从此，在战场上再也看不到他统率千军万马冲锋陷阵的身影了！

等待着岳飞的是高宗、秦桧策划的阴谋陷害……

第六章

千古奇冤

“莫须有”

33 高宗秦桧使奸计　明升暗降收兵权

金军这次渡淮南侵，毫无战果可言。按胜负来说，柘皋之战宋胜，濠州之战金胜，互有胜负。但柘皋之战，南宋的主力韩、岳部队都未参战，却把金军打得大败，这显示了宋军事力量的大为增强，也显示了金军战斗力的下降。金军虽然在濠州打败了杨沂中、王德，并用计却退韩世忠，一度重占黄连埠，但当岳家军进军淮西后，兀术估量形势，还是从涡口渡淮北归。

“锐意败盟，举兵南征”的兀术，先败于顺昌，再败于郾城，三败于柘皋，一挫再挫，他终于清醒地认识到金国不能以武力亡宋的现实，于是改变策略，“乃始讲和，而南北无事矣”。（《大金国志》卷二十七《开国功臣传》）

高宗对金的“乃始讲和”态度，自然是求之不得，不过，此时此刻就倡和议，他认为条件尚未具备。他想起绍兴八年（1138）那股汹汹的反对议和的潮流，特别是武将韩世忠、岳飞坚决主战反和的劲头，还历历在目；后来金人败盟，诸大将抗金打了胜仗，主战的呼声更高了，反和情绪也更激烈。如今要议和，倘不事先设法慑服武将，必将遭到他们的反对。为此，高宗处心积虑地谋划起来了，洞悉高宗心事的秦桧及其党羽则紧密配合。

由秦桧推荐当上了殿中侍御史的郑刚中，向高宗进言说："讲和之事，初则士大夫以为忧，中则民庶以为忧，今则将帅以为忧。士大夫见朝廷审处适中，未有失策……初以为忧，而今少定。民庶则视士大夫为舒卷者也，见士大夫之情稍安于前，故其忧亦缓而未迫。闻之道路，独将帅之忧，汹汹如风涛尔！"（郑刚中《北山文集》卷一《三谏和议疏》）左宣议郎王之道也说："倘从金盟，而不与诸将议，犹恐自疑而至于溃败。"其实，高宗、秦桧何用他们提醒，他们已在行动了。

首先，他们又一次掀起宣传和议的浪潮，把议和的目的竟说成是为了"休兵息民"，即替戍卒着想，替百姓着想。既然和议是为了休兵息民，言下之意主张抗战岂不就是不识时务、不恤百姓、不顾士卒、不顾国家的根本了吗？那些力主抗战的武将，因而被高宗指责为"拥兵自重""希功邀宠"。岳飞这次抗章班师，高宗就指责他是"（计）较功赏"。秦桧则一方面把自己卖国投降的丑恶行为美化为一心为公，"了天下事"；另一方面，攻击抗战派将领反对和议是为了沽名钓誉，说什么"诸公争取大名以去"。

这种颠倒是非的说法，必然激起爱国朝臣的反驳，如张九成、喻樗、陈刚中、凌景夏、樊光远、毛叔度等人都坚决反对和议，结果都被高宗赶出朝廷，远贬州县；但是，也蒙蔽了一些文官，认为武将反对议和，确是害怕"高鸟尽，良弓藏"，担心议和成功后，朝廷会把他们渐渐忘记。因此有人提出应当选择大臣筹划方案，以安定诸将之心。还有些文臣，对南宋建国以来武将权力不断增大，一变宋太祖以来重文轻武、防止藩镇作乱的政策，本来就心怀疑忌，如张浚、赵鼎等人，在他们执政时，也曾设法限制武将的权势扩大。高宗、秦桧这次旨在抑止武将反对和议的论调，与他们的政治见解、政治利益有某些一致之处，所以客观上，他们也站在高宗、秦桧的一边了。如监察御史张戒虽不赞同屈辱求和，却早在绍兴八年四月就对高宗说过"诸将权太重"，要高宗稍加节制。

高宗说："若言跋扈则无迹。兵虽多，然聚则强，分则弱，虽欲分，未可也！"

张戒说："然，要须有术。"

高宗得意地说："朕今有术，惟抚循偏裨耳！"

张戒说："陛下得之矣，得偏裨心，则大将之势分矣！"

高宗胸有成竹地说："一二年间自可了！"（《皇宋两朝圣政》卷二十三《抚循偏裨以分大将权》）

一两年前，高宗要实行分散军权的计划还需要时间，更何况金人后来败盟，需合兵以御敌，因此步子不得不放慢一点。现在金人主动提出议和，高宗感到议和时机真正成熟了。必须立即向韩、岳、张、刘等人收回兵权，以达到一箭三雕的目的：既可扫除议和的障碍，又可预防将来武将们的震主之威，还可向金人表明决不北取中原的心迹。

第二步，便是实行“抚循偏裨”这一着棋。但如何巧妙地解除诸大将的兵权的具体措施，却是在绍兴十一年（1141）初夏，由秦桧与其心腹范同密谋商量出来的。他们向高宗密奏：“召三大将赴行在，论功行赏。”高宗自然同意。

四月中旬，在水光潋滟的西子湖上，出现了几只雕花漆木、鎏金涂彩的大舟船，宽敞明亮的船舱里，张灯结彩，大摆筵席。原来，朝廷命宰相秦桧在此主持柘皋大捷的论功行赏会，被邀到会的有韩世忠、张俊、岳飞三大将。张俊、韩世忠因路近先到，岳飞从鄂州到杭州路远，迟了六七天，于四月二十二日才到。三大将随叫随到，没有表示出对这次“论功行赏会”有任何猜疑的迹象，秦桧这才放了心。可是岳飞到达临安府的当天，朝廷立即将随岳飞前来的参谋官朱芾调任知镇江府，司农卿李若虚调任知宣州。

二十三日，高宗特召范同入殿，授命范同与林待聘二人连夜起草三道“制书”。

二十四日，论功行赏典礼终于在西子湖上举行了。庆功筵上，红妆粉黛翩翩起舞，丝歌管弦悠扬婉转，金蕉酒器频频斟满，歌功颂捷鼓吹三将。宴会高潮中，秦桧突然起立，鼓乐之声戛然而止。他宣读了高宗三道“制书”；

提升韩世忠、张俊为枢密使，岳飞为枢密副使，并宣布从任命之日起“赴本院治事”，即韩世忠、张俊、岳飞从今调入枢密府办公，不再返回各自的宣抚司领兵。三大将当场拜受诏命。

多么简单！酒乐声中只消一道命令，把三员大将来个“名升实降”，就解除了他们的兵权。三大将自然明白朝廷的用意。韩世忠任枢密使后，特地做了一条“一字巾”，到枢密院办公时，便把它裹在头上，显出悠闲的样子；但出外，却随带亲兵卫护。汉朝的韩信临死时说“狡兔死，良狗亨（烹）；高鸟尽，良弓藏”，韩世忠记起了历史的教训，预感到前途凶险。

岳飞呢，他敞开衣襟出入，显得十分豪放威武，仿佛向高宗、秦桧说：“我岳飞赤心为国，扪心无愧！”

只有张俊，早“与桧意合，故力赞议和”。因此，一旦察觉朝廷要解除诸大将兵权的意图，马上上呈奏章表示愿交出所带全部人马。高宗嘉奖他有唐朝名将郭子仪“闻命就道”的忠诚，抚谕他一定能保住功勋显赫的地位。韩、岳的一举一动，亦早有人报给高宗了。高宗在给张俊奖诏中，别有用心地把贪恋职位因而受到弹劾的李光弼与郭子仪作了对比，目的是暗示韩、岳：有功之臣处于去留之际应该明智，否则难免自取祸患。

二十七日，正式宣布罢除宣抚司，把三大将原统帅部全部解散，名义上说“遇出师临时取旨”，实际上切断了三大将与原属将士的联系，把指挥权分散归属偏裨诸将。朝命中还说，各宣抚司统制官等都加“御前军”的头衔，直接听命于朝廷指挥，命令有关部门另铸新印交付统制官。不久，又提拔胡纺、吴彦章、曾慥为总领官，继宣抚司取消后，由他们三人分别在楚州、建康、鄂州重新置总领司。压制抗金大将的第一步——解除韩、岳军权已经实现。事实表明罢免韩世忠、岳飞兵权的主谋是高宗，出谋划策的是秦桧。

然而，当时的史家却这样记载着：“时秦桧力主和议，恐诸将难制，欲尽收其兵权。”（《宋史纪事本末》卷七十二《秦桧主和》）《宋史》也这样写着：“时和议既决，桧患飞异己，乃密召三大将论功行赏。”（《宋史·岳飞传》）这是“为尊者讳”的传统偏见在作祟，他们明知罪魁是高宗，却不敢如实地反映历史实际，把罪责一股脑儿都加在已经遗臭万年的秦桧头上。

34

斗奸护贤不顾身　天昏地暗竟受诬

高宗、秦桧深知：韩、岳的兵权虽被解除了，但远未达到控制韩、岳部队和压抑抗战派的目的。因为韩、岳均升为枢密使、枢密副使（位在参知政事之上），名义上还是最高的军事长官呢！尤其是他们与自己的部下将士共患难十多年，有着生死与共的亲密关系，韩、岳的威信又很高，他们的言谈举止对军队都会发生深刻的影响。比如这次韩世忠拜枢密使，他部下各营中统制官奉命到朝廷来，就有一些人不服朝廷这样的措置，甚至激烈地反对。显然，岳飞的部下对岳飞也必然怀有同样的感情。高宗要使韩、岳部队完全听命于自己，为议和政策方针效力，那就必须寻找出韩世忠、岳飞治军不善的岔子，然后将罪状宣布，进一步罢除他们枢密使、枢密副使的职务。这样既可彻底割断韩、岳与部队的联系，取消他们议论朝政的权力，又可沉重地打击抗战派。

于是，五月十日，高宗诏命张俊、岳飞前往楚州“按阅御前军马”（楚州军队原系韩世忠统率）。张、岳临行前，由秦桧传达了高宗旨意，明确地表示此次使命是“捃摭世忠军事……备反侧”。所谓捃摭世忠军事，就是搜集韩世忠的错误和缺点，所谓“备反侧”，就是要张、岳激起韩世忠部队闹事。张俊领会了高宗的用意，而且以后也执行了。岳飞自然领会了，但当面就反驳说：“世忠有幸，沐皇恩高升为枢府大臣，既如此，楚州之军便是朝廷之军。”岳飞的语气虽然委婉，但含意很明确：即使以后楚州军队出事，韩世忠也没有责任，谁也不能牵扯他，因为楚州军队已属朝廷直接指挥了。阴险毒辣的蔡桧，听了岳飞刚直不阿的回答，恨得暗暗咬牙。

楚州“按军”是高宗下达的诏命，韩世忠作为枢密大臣不仅知道，也会猜测到朝廷的真正用意。诏命张俊、岳飞前往，还能起到离间韩、岳的作用。这个分化瓦解抗战派的手法，可谓毒矣。为了掩盖二枢使“楚州之行”的真实意图，高宗亲自对众大臣宣谕意旨，说：

士大夫言恢复者，皆虚辞，非实用也。用兵自有次第。朕比遣二枢使按阅军马，措置战守，盖按阅于先，则兵皆可战。兵既可战，则能守矣。待彼有衅，然后可进讨以图恢复。此用兵之序也。（《系年要录》卷一四〇，绍兴十一年五月壬子条）

岳飞、韩世忠等抗战派对高宗这篇“务实”的用兵“高论”仅付之一笑，而没有看出这番话的别有用心。他们怎能想到就是这个高宗，日后居然会拿破坏抗金、惧敌退保的罪名向他们开刀？！

张俊和岳飞一道出发了。

岳飞在诸大将中，是年纪最轻的一个，他比张俊小十七岁，比韩世忠小十四岁。岳飞从卒伍、小校提拔起来，屡立大功，只十几年工夫，竟位至将相，与张、韩平起平坐，张、韩为此心中不平。但岳飞并不因功自大，恣意骄横，而是谦虚，尊重长辈和以往的上司。他经常写信向韩、张问候，并向他们赠楼船，表示敬意。韩世忠对岳飞的抗金立场、治军严肃，本来是钦佩的，在岳飞主动搞好关系的努力下，一度妒功的嫌隙就很快消除了。韩、岳从此互相敬慕，互相尊重，在对方危急的时候，也能不同程度地相互支援，结下了深厚情谊。可是，器量狭小、妒功忌贤的张俊，对岳飞团结抗金的愿望和举动，不但不加理睬，反而益加猜忌。高宗对韩、张、岳三人的相互关系不可能不知道，正因如此，他就利用矛盾，以达到各个击破的目的。

运河的流水，把张、岳乘坐的楼船送到镇江。他俩在镇江府大教场上检阅了韩家军的一部分人马。韩家军阵容整齐、操练有方，岳飞看了，颇为称赞。张俊找不出岔子，默默无言。待到检阅完毕，张俊对岳飞却说了句与检阅毫无关系的话，他说：“上留世忠，而使吾曹分其军，朝廷意可知也。”岳飞听了大吃一惊，沉默了好一会，下定了宁可得罪张俊也不可破坏抗金阵线的决心，直截了当地回答说：“不可！今国家惟自家三四辈以图恢复。万一官家复使之典军，吾曹将何颜以见之？”（《金佗稡编》卷二十三《山阳辨》）张俊认为朝廷的意旨，要他俩分掌韩世忠的军队，而现在却遭到了岳飞大义凛然的驳斥，不禁恼羞成怒。

他俩离开镇江，到达淮河边的楚州城。楚州依傍大运河，襟带淮河，既是北伐的前哨基地，也是边防的战略要塞。楚州，是金人望而生畏的英雄城池。赵立曾率领全城一万军民固守，使金军不能越过楚州一步。韩世忠在这里设宣抚司后，把破败的城墙重新修葺，更使楚州巍然屹立。

岳飞与张俊上城楼环视城防，检查了军粮、武器辎重等储备情况。使岳飞惊叹的是，韩世忠在这个不大的城中，竟积蓄军储钱百万贯，米九十万石。岳飞还看了韩世忠部队编制簿籍，士兵不过三万，却能攻能守，从而更加敬佩韩世忠。

张俊视察后，显出很不满的样子，对岳飞说：“当修城以为守备计！”岳飞知道张俊此话是“项庄舞剑，意在沛公”。他沉默不语。张俊等了好久，不见岳飞回答，又接连问了几遍。这时，岳飞忍无可忍，昂头说道：“吾蒙国家厚恩，当相与戮力复中原，若今为退保计，何以激励将士？”（《金佗稡编》卷二十三《山阳辨》）

岳飞的话，一针见血地戳破了张俊背后整人的诡计，击中了张俊畏敌赞和的要害。张俊顿时怒形于色，但又无从发泄。于是转向城楼上的两个哨兵寻事，硬要把他们斩杀。岳飞恳救四次，张俊越发大怒，竟挥剑削掉了两个士兵的脑袋。张俊看到岳飞不但不赞同陷害韩世忠，而且处处保护着韩世忠，对岳飞更加恼火，决定自己单独去整韩世忠，并盘算如何打击岳飞。

几天以后，新提升的淮东军总领官胡纺向朝廷呈送了一份密告，内容是：韩世忠部下耿著，曾说“二枢密来楚州，必分世忠之军；本来无事，却是生事”。秦桧接到密告后，立即将耿著捆缚送大理寺下狱，目的不言而喻，是要陷害韩世忠。

岳飞得知后，叹息道：“吾与世忠同王事，而使之以不辜被罪，吾为负世忠！”于是，岳飞不顾自身安危，急忙派人给韩世忠送信。韩世忠览信后，十分惊恐，立即上朝求见高宗，伏地剖明心迹。在苗、刘兵变时，韩世忠曾保过高宗的驾，高宗对韩世忠是有一定旧情的，加之岳飞拯救及时，“耿著案件”总算没有滋蔓牵连。高宗、秦桧仅将耿著以“妄言”定罪，流放了事。

企图陷害韩世忠的阴谋，一而再地被耿耿忠心、铮铮铁骨的岳飞所揭穿，从而保全了韩世忠。可是，岳飞却成了高宗、秦桧、张俊的眼中钉。

张俊恨透了岳飞，他一回到临安，竟无中生有地诬蔑“岳飞倡议放弃山阳（楚州），企图退兵保守长江”。

一伙串联好的丑类，立即响应，掀起了残害忠良的逆风恶浪。秦桧一边对所谓岳飞“放弃山阳”“退保长江”的言论表示愤慨，一边指使党羽右谏议大夫万俟卨弹劾岳飞。

万俟卨在宋徽宗时，当过枢密院编修官。南渡后，由鼎州知府程昌寓推荐，曾任沅州代理州事，后来又任湖北转运判官，当时，岳飞在两湖任职，他与岳飞接触颇多。但岳飞知道万俟卨为人奸邪，对他颇为冷淡，万俟卨因此怀恨在心。由于他善于钻营，阿谀奉承秦桧，入朝当上了监察御史。现在，秦桧指使他弹劾岳飞，正好给了他报复岳飞的机会。

七月十六日，万俟卨首先发难，他竭尽诬蔑之能事，胡说岳飞“志满意得”，“日以颓惰”，还按照张俊的口径，给岳飞捏造了两条大罪状：一是援淮西“稽违诏旨，不以时发”；二是此次楚州之行宣称“山阳不可守”，有意“沮丧士气”。他要求朝廷罢岳飞枢密副使的职务。

谁能相信一贯坚决要求北伐中原的岳飞会有这些言谈和举动呢？即使是主和派中稍有一点头脑的人，也不会相信。至于高宗，他是一向把岳飞当作和议的阻力、退保的障碍看待的，当然更不会真的相信。但是，就在万俟卨弹劾的奏章送上的第二天，高宗竟急不可待地抢先说话了：

山阳要地，屏蔽淮东，无山阳则通、泰不能固，贼来径趋苏、常，岂不摇动？其事甚明。比遣张俊、岳飞往彼措置战守，二人登城行视。飞于众中倡言：“楚不可守，城安用修。”盖将士戍山阳厌久，欲弃而之他。飞意在附下以要誉，故其言如此。朕何赖矣？（《系年要录》卷一四一，绍兴十一年七月癸丑）

岳飞援淮西主动积极，并提出战略方案，本来有案可查，高宗故意避而不谈，任凭万俟卨恣意诬蔑。至于高宗所说楚州之重要，虽系事实，但张俊在巡视楚州之后，将驻守楚州的韩世忠军队撤回镇江，退保长江，高宗为何不加斥责或追究，而对岳飞的所谓“弃守山阳”的话却看得如此严重？更何况，岳飞到底有没有讲过这番话，本当召岳飞与张俊对质，或者向楚州将领作调查，为什么未经核实，就咬定岳飞讲了这番话呢？这只能说明高宗欲加岳飞罪名，已到了无所顾忌的地步了。他抢先讲话的目的就是不准朝臣为岳飞分辩。但是，以至尊之威可以压住一时的公论，却遮不住铁的事实。南宋后期的著名史家李心传就曾指出：“飞自楚（州）归，（高宗）乃令卨（万俟卨）论其罪，始有杀飞意矣。”（《系年要录》卷一四一，绍兴十一年七月癸丑）

35 宋金再开和议　岳飞横遭解职

高宗亲自出场肆意诬蔑岳飞的第二天，刘锜也被剥夺了兵权，调任知荆南府。刘锜，这位曾在顺昌大破金军的抗金名将，已使金人丧胆。凡望见刘锜部队的旗帜，金兵就惊呼：“此顺昌旗帜也！”避之唯恐不及。这样一位抗金名将，却成了张俊、杨沂中的眼中钉。张俊甚至在前线派出军士纵火打劫刘锜军，阴谋未遂，反被刘锜捉到了十六人枭首示众。秦桧在顺昌之战中就想葬送刘锜军，其仇视刘锜的程度可想而知。如今，刘锜终于被投降派罢去军职了。岳飞感到国事日危，为了抗金前途，他顾不得身家安危，挺身而出，上疏“请留锜掌兵”，但高宗“不许”。

谤议蜂起，良将被黜，忠贞不用，奸佞横行。岳飞悲愤交加，上表请求辞去枢密副使的职务。这正合高宗、秦桧的心意。八月九日，高宗罢了岳飞枢密副使的官职。岳飞怅怅地离开临安，到庐山闲居去了。

至此，南宋四大名将中，三大抗金将领韩世忠、岳飞、刘锜，都已被解除兵权，只有张俊因投靠秦桧仍执掌兵权。抗战派遭到了极大的打击。

在打击抗战派的同时，投降派势力迅速扩张。秦桧独相，范同被升为参知政事（副相），与王次翁并列。范、王两人都是秦桧党徒。在掌管军事的枢密院中，张俊任职枢密使，遂掌握了军事大权。"俊晚年，与秦桧意合。上眷之厚，凡所言，朝廷无不从。"（《宋史·张俊传》）张俊从少师升为太傅，封广国公，进益国公。杨沂中虽在濠州被金军打得全军覆没，因是高宗心腹，不妨碍他步步高升，败军之将反而被授予少保、开府仪同三司的正一品官衔。高宗用意十分明显，借此"以慢军势"，即向爱国的抗战将士泼冷水。

南宋朝廷中，军政大权均已为投降派所垄断。南宋朝廷的人事变动，显然包含着向金人表示议和诚意的目的，同时也是为了在国内排除和议的障碍。

此时，掌握着金国实权的都元帅兀术，始感"以和议佐攻战"策略的得当。但另一方面，他又不能不顾虑此次败盟给南宋带来的影响，因此在一段时间内，他在静观南宋政权对和议的反应。如今，看到高宗、秦桧把抗金将领一个个打下去，投降派的势力充斥南宋朝廷，兀术不由得心花怒放。他明白了高宗、秦桧向金求和的国策一如既往，并没有因金败盟而改弦易辙。兀术为了加快与宋和议的步伐，又采取了书面恫吓和武力威胁双管齐下的手法。

八月中旬，兀术放归扣押在金的宋使者莫将、韩恕，并叫他们带回一封恐吓信：

> 今兹荐将天威，问罪江表，已会诸道大军，水陆并进。师行之期，近在朝夕，义当先事以告，因遣莫将等回，惟阁下熟虑而善图之。（《会编》卷二〇六）

如果金国决定要进攻，岂能事先透露机密，又将使者放回呢？高宗、秦桧自然明白金人此信的用意，不过是叫他们赶快派人去请和。

兀术一面发信，一面果然动兵。南宋的泗州很快被金军攻陷了，“淮南大震”。然而，消息飞递朝廷，高宗并没有命张俊派兵增援；张俊只在镇江坐镇，也不派兵渡江，唯恐妨碍和议的进行。因为高宗心中明白，兀术演的是一场“武戏”，只需赶紧“遣使者，以修事大礼”，必定无事。

果然，使者去后只半个月，就带回兀术的回信，要求南宋速派职位更高的使臣去谈和，高宗当然照办。于是，宋金重开和谈，自此以后，宋金双方使者往还不绝。

在内外两股恶势力的夹击下，抗金名将岳飞只能一步步地被置于死地。

36 张宪被捕坐牢　岳飞受骗下狱

就在高宗接到兀术那封威胁南宋议和的书信后的第三天，即绍兴十一年（1141）十月十三日，杨沂中受秦桧指使，将岳飞从庐山骗到杭州。一到杭州，岳飞立即被投入临安大理寺监狱（今杭州湖滨小车桥附近）。先于岳飞入狱的还有张宪、岳云。岳飞入狱之后，岳飞的次子，年仅十五岁的岳雷也被逮捕入狱。

早在岳飞入狱前，秦桧党羽万俟卨、罗汝楫等人，已翻来覆去控告岳飞“罪大恶极”。归纳起来，不外乎三条“罪状”：一、意志衰退，“日以颓惰”；二、援淮西“逗留不进”；三、主张“弃守楚州”。而且，高宗根据这三条纯系捏造的“罪状”，已经给岳飞重加处分，罢了岳飞的官。如今为何又将在庐山隐居的岳飞逮入监狱？这既是金人的压力所致，更是出于高宗不惜一切向金人屈服的决策，是有预谋的政治陷害。

原来金人对南宋朝廷解除抗金大将的兵权，并不满足。

他们害怕韩、岳等人有朝一日复用，尤其忌惮岳飞，必欲杀之而后快。高宗、秦桧也明白，只有杀一儆百，才能最终镇住抗战派，钳住他们的口，彻底扫除和议道路上的障碍。

但是诛杀一个大臣，必须有一个与刑戮相当的罪名。在封建社会里，“谋反”是最大的罪名，那是“杀无赦”的。于是，一场罗织岳飞“谋反”罪状的阴谋活动掀起了。

南宋史家王明清在光宗绍熙四年（1193）看过岳飞狱案的全部案卷，后来，李心传也看过刑部大理寺奏尚书省状。据他的记载，刑部大理寺的岳飞“狱案”中有这样一则材料：

> 张俊奏：张宪供通，为收岳飞处文字后谋反。行府已有供到文状，奉圣旨，就大理寺置司根勘，闻奏。（李心传《建炎以来朝野遗记》乙集卷二《岳少保诬证断案》）

从这段文字可以看出：一、岳飞的罪名是与张宪通书谋反；二、上奏岳飞谋反的是张俊；三、逮捕岳飞下狱是执行了高宗的圣旨；四、高宗的态度是彻底追究查明。

仅凭张俊一纸奏书，又没有岳飞谋反的实证，高宗就迫不及待地下旨逮捕岳飞，并下令大理寺设立审查岳飞的专案机构，而且立即表示了彻底追究的态度。这充分表明，高宗是这次预谋迫害岳飞的罪魁。可是，南宋的史家在当时封建专制势力的压制下，只能归罪于秦桧，说：“秦桧欲诛岳飞……乃送岳飞父子于大理狱。”

应当说，秦桧是高宗最得力的帮凶，他恨岳飞深入骨髓。张俊是个妒贤嫉能、善于趋炎附势的利禄小人。在陷害韩世忠事件上，岳飞不肯苟同，还与张俊进行了针锋相对的斗争，张俊对岳飞早已怀恨在心。秦、张必欲置岳飞于死地而后快，高宗当然是知道的。高宗利用秦、张来诛杀岳飞，秦、张又依仗高宗去铲除政敌，其手段之卑鄙，罪恶之深重，令人切齿。

既是有预谋地迫害岳飞，那么，高宗、秦桧、张俊一伙又是如何策划这一政治陷害的呢？

第一步，他们设法在岳家军内部寻找攻讦岳飞的对象。这一年的秋天，秦桧党羽秘密出动了。他们先派人用“优赏”的手段，“密诱”岳飞部下告发岳飞。结果无人应命。

接着，又派人物色曾受过岳飞处分或者对岳飞有所不满的人，让他们来发难。结果找到了两个人，一个是都统制官王贵，另一个是张宪手下的前军副统制王俊。

王贵，本是岳飞爱将，但他曾两次被岳飞责罚。一次，在颍昌大战中，因怯战受到岳云面责，岳飞更是大怒，在战事结束后要斩王贵以维护军纪，后在诸将恳救下才获免。又一次，驻地民家失火，王贵部下一个士兵乘机偷了老百姓芦筏，用来遮护自己的家门，岳飞得知后，当场斩了这个士兵，并责打王贵一百记军棍。秦桧、张俊推想，王贵必定对岳飞、岳云记恨在心，遂叫人诱王贵告发岳飞。当时王贵居心尚属公正，说："大将宁免以赏罚用人，苟以为怨，将不胜其怨矣！"秦桧、张俊不甘心罢休，继续搜集到王贵家中的一些隐私，准备作为把柄，胁制王贵就范。

王俊，小名喜儿，原在范琼部下当过刽子手。后来，在东平府时因出卖了同伙犯案的士兵呼千等人，被提升为副都头，从此专以告发他人营利。军中背地里都叫他"王雕儿"。"雕儿者，击搏无义之称也。"王俊投岳家军后，因"从战无功，岁久不迁（升）"而怨恨岳飞，加上行为不正，屡被张宪指责，又对张宪积下了怨嫌。经秦桧、张俊派去人的利诱，唆使王俊诬告，王俊自然乐从，于是他们把一份拟好了的"首告状"交给了王俊，指使王俊在适当时机告发岳飞。

八月的一天，王贵奉命赴镇江枢密行府汇报公事和接受指示。在镇江期间，突然有人抛出王贵家中一些不可告人的私事，张俊又趁机威胁王贵，要他诬告岳飞。在张俊的威逼下，王贵害怕了。他可耻地出卖了灵魂，屈从于张俊了。

王贵于九月八日回到鄂州，而在九月一日，张宪、岳云已往镇江府枢密行府办公事去了。王俊趁张宪外出的机会，急忙向王贵面告"张宪与岳飞通书，谋据襄阳为变"。王贵听了，心中有数，命他马上写成书面状纸送来。第二天，王贵便派轻骑将王俊首告状纸急送镇江枢密行府张俊处。

张俊收到王俊的告状不久，张宪与岳云却正于此时乘船到达镇江枢密行府，正好投入了罗网。张俊扣押了张宪、岳云，立即命令行府官吏审问。枢密院吏王应求不同意，他说：“枢密院，史无推勘法，恐坏乱祖宗之制！”枢密院是军事指挥机构，原无审理案件的职权。张俊驳不过王应求，竟知法违法，私设公堂，并且亲自提审张宪、岳云。

王俊的“首告状”，是被作为审讯岳飞、张宪谋反案的依据的。可是这一份“首告状”，由于纯系捏造，前后矛盾，情理相乖，漏洞百出。兹摘录于下：

八月二十二日夜二更以来，张太尉（指张宪）使奴厮儿庆童来请俊去说话。……俊入宅，在莲花池东面一亭子上，张太尉先与一和尚泽一，点着烛对面坐地说话。俊到时，泽一更不与俊相揖，便起向灯影黑处潜去。俊于张太尉面前唱喏。坐间，张太尉不作声。良久，问道：“你早睡也，那你睡得着？”

俊道：“太尉有甚事睡不着？”

张太尉道：“你不知自家相公得出也。更说与你，我相公处有人来交（叫）我救他。”

俊道：“如何救他？”

张太尉道：“我这人马动，则便是救他也！”

俊道：“太尉不得动人马，若太尉动人马，

朝廷必疑岳相公，越被罪也！”

张太尉道：“你理会不得，若朝廷使岳相公来时，便是我救他也。若朝廷不肯交岳相公来时，我将人马分布，自据襄阳府。”

俊道：“且看国家患难之际，且更消停！”

张太尉道：“我待做，你安排着，待我交（叫）你下手做时，你便听我言语。”

俊道：“恐军不伏（服）者多。”

张太尉道：“谁敢不伏（服）？”

俊道：“若番人探得知，必来夹攻太尉。南面有张相公（指张俊）人马，北面有番人。太尉如何处置？”

张太尉冷笑：“我别有道理。待我这里兵才动，先使人将文字去与番人，万一支吾不前，交（叫）番人发人马助我。”

……

九月初一日，张太尉起发赴枢密行府。俊去辞，张太尉道：“我去后，将来必共这瞒一处。你收拾，等我来叫你。”（王明清《挥麈后录余话》卷二，此处节引并参照《系年要录》卷一四三略有改动）

看了这一大段状词，谁能相信赤胆忠心的岳飞会因罢官而造反？罢官不等于坐牢，又何至于教人救他？而且谁能相信，一心想恢复中原，与金人势不两立的岳飞与岳家军怎么可能与金人勾结？其次，即使如王俊所说，张宪为了救岳飞，以兵变要挟朝廷，可是像谋反这样严重的事情，张宪岂能不事先物色与己志同道合的人？而王俊既曾屡遭张宪指责，张宪又岂能贸然与他密商而无所顾忌？

再则，又如王俊所供，张宪事先无一言试探他的口风，就和盘托出自己的谋反计划，这能像一个身统大军、善于谋略的将领的举止？而且王俊一再表示反对谋反，张宪却毫无顾忌，一股劲地非要拉王俊参加谋反不可。若真是如此，那张宪简直是个疯子、白痴了。但如此“白痴”的张宪竟图密谋造反，又岂能令人相信？

这份首告状因出自他人之手，王俊毕竟有几分心虚，而且他也不知朝廷的意图，怕万一扳不倒岳飞，或将来对质时露馅，于己不利，于是在“首告状”后面贴了一张小条子，打算为自己留一条退路。小条子是这样写的：

> 张太尉说岳相公处人来，教救他。俊却不见有人来，亦未曾见张太尉使人去相公处。张太尉发此言，故要激怒众人背叛朝廷。

首告状是“揭发”岳飞与张宪通谋造反的，但这张小条子却自供并没有看见岳、张互派人员来往联系，这样，王俊就自己否定了首告状，否定了首供者作为人证的资格。退一万步说，就算张宪发过牢骚，故意“要激怒大家”，那也是张宪的事儿，与岳飞并无瓜葛。

张俊万万想不到王俊会画蛇添足——添一张小条子，造成自己被动，但张俊既有高宗、秦桧撑腰，就无所顾忌，横下心要把张宪屈打成招，还装腔作势地命王俊对证。本无事实，张宪岂能招认？岂能诬害岳飞？因此，任凭吏卒打得他体无完肤，浑身是血，“宪不伏”，张宪始终昂首不屈。当时行府审讯记录是：“勒宪与王俊对证，得张宪不曾有上项语言，已供状了当。”

三木之下未能使张宪自诬，张俊只好再一次捏造张宪口供：“为收岳飞处文字后谋反。”这样，既造成了张宪、岳云谋反之罪案，更为下一步陷害岳飞作了准备。

张俊一纸之奏方上，高宗迫不及待地下令将岳飞逮捕归案。捏造岳飞的罪名，已由张俊完成，下一步，得由秦桧之流负责对岳飞审讯和定“罪”了。

岳飞闲归庐山。秦桧在考虑，派什么人才能骗岳飞回朝呢？

当时西湖北面（今杭州少年宫广场后）有一座极为富丽的宅邸，四周围环绕着清澈的流水。这就是被人称为“髯阉”（多髯而善谀的太监）的杨沂中的府第。一天，秦桧派人到杨府，要杨沂中去见秦桧，说有要事密商。杨沂中应命赶到凤凰山下的尚书省。秦桧竟不出见，却叫一个值班官员交给杨沂中一道召岳飞到朝廷来的“堂牒”，并传达了秦桧的意图说：“要活底岳飞来！”（《金佗续编》卷二十八《鄂武穆王岳公真赞》）

作为皇帝亲信殿前都指挥使的杨沂中，对正在进行的空前政治大阴谋自然是一清二楚的。秦桧派杨沂中前去，也表明杨沂中是他们可以信赖的人。杨沂中果然不负所托，冒着初冬的寒风上了庐山。

十月的一天，赋闲的岳飞忽听杨殿帅来了，脑海中顿时产生一串疑问。他想：“杨沂中是管皇宫禁卫的，平时和张俊打得火热，今日千里迢迢来访，不知为着何事？”杨沂中在门口叫了几声：“哥哥！哥哥！”岳飞“唉，唉”地大声应着走了出来。岳飞见了杨沂中，劈头就问：“十哥！汝来何为？”（南宋初，诸大将结拜兄弟，杨沂中排行第十，因此岳飞喊他为“十哥”。）杨沂中心中有鬼，不敢直说，敷衍地说：“无事叫哥哥！”岳飞严肃地说：“我看汝今日来，意思不好！”说罢，岳飞抽身入内去了，把个杨殿帅孤零零地留在外面。杨沂中只好把传岳飞入朝的“堂牒”递了进去。

过了好一会，小丫环捧出托盘，向杨沂中献上一杯酒。杨沂中想：“主人拂袖入室，丫环又突然献酒，这是什么意思呢？这杯酒，喝，还是不喝？”杨沂中心情紧张，狐疑难决。他忖度：“岳飞可能想在内室自寻短见了，要我跟他同死？”可是，他又想，以“堂牒”传大臣回朝，也是常例，岳飞岂能一眼识破他的来意？况且岳飞尚未向他问明朝廷相召之意，又何至卤莽如此？于是杨沂中装作坦然的样子，举杯一饮而尽。

小丫环一进去，岳飞笑吟吟地出来了，说：“此酒无药，我今日方见汝是真兄弟！”（《金佗续编》卷二十八《鄂武穆王岳公真赞》）

岳飞跟随杨沂中乘轿到了临安。一进北关，秦桧已派人传话来了：“请相公略到朝廷，别听圣旨！”岳飞的乘轿被人领着继续往前抬，杨沂中则转向洪福桥杨府去了。

岳飞一下轿，发现进了大理寺，大吃一惊，他大叫一声：“吾何到此？”无一人回应。厅内，但见四面挂着帘幕，阴沉沉，显得可怖。

37

“莫须有”冤狱兴　宋金和议达成

岳飞在大理寺外厅待了一会，忽然闯进来几个狱吏，对岳飞说：“这里不是相公坐的地方，到后厅去，御史中丞等着你对证几件事。”

鬼鬼祟祟，这样就算将岳飞逮捕入狱了。按当时规定，“收禁罪人”，先须“捕获人签押入案”，并须由指定的牢差、狱卒当面验明身份、点清人数，还得叫医生检查全身“有无疮病痕伤”，然后由押狱节级（狱官）立案状文字（李元弼《作邑自箴》卷三）。高宗逮捕岳飞，从杨沂中骗岳飞下庐山，至下临安大理狱，耍的全是阴谋诡计，根本无视当时的法制。

岳飞怒不可遏，气愤地责问狱吏：“我与国家宣力，今日到此，何也？”狱吏避而不答，催逼岳飞进去。岳飞被带至一处厅堂，停了下来，忽见张宪、岳云手脚锁着镣铐，颈脖上戴着重枷，露头赤脚，浑身是血，痛苦呻吟，满脸怒容地被押进堂来。岳飞先是震惊，转而心痛、悲愤，嗡的一声，只觉得一阵头晕，天旋地转，站立不稳。旁边站立的一个狱吏，用杖子击打地面，叱责岳飞："叉手正立！"岳飞又是猛地一震，他这时才意识到，已身陷罗网，无法摆脱。曾几何时，岳飞还是身率千军万马冲锋陷阵，使敌人闻风丧胆、人民壶箪相迎，深受人民、将士尊敬爱戴的统帅。他令出如山，又何等威武庄严！今日无辜被捕，对证出堂，竟遭狱卒欺凌，世态炎凉如此！岳飞禁不住满腔怒火，忿然道："我尝统十万军，今日才乃知狱吏之贵也！"（《会编》卷二〇六）

审理岳飞案件的有御史中丞何铸、大理寺卿周三畏、右谏议大夫万俟卨、侍御史罗汝楫等人。万俟卨、罗振手持王贵、王俊的诬告状厉声责问："国家有何亏负汝三人，却要反背！"

岳飞很快地克制住自己的感情，冷静了下来。他知道自己面临着一场生死攸关的冤狱。他蔑视、仇恨这伙丑类，正气凛凛地驳斥道："对天盟誓，吾无负于国家。汝等既掌正法，且不可损陷忠臣，（否则）吾到冥府，与汝等面对不休！"

万俟卨奸笑说："岳相公既不承认造反，那么，你可曾记得当年游灵隐天竺寺，在寺壁上题的那一句'寒门何载富贵'的诗句吗？"其他审官同声喝道："既出此题，岂不是要反也！"

这样的牛头不对马嘴的审问，使岳飞立即明白他们的用意，根本不是为了查清案件，而是蓄意要给自己栽上谋反的罪名。既然如此，已无须向这伙秦桧党羽辩白，于是岳飞仰天长叹一声说：“吾方知，既落秦桧国贼之手，使吾为国忠心，一旦都休！”（《会编》卷二〇七《岳侯传》）岳飞眼睛一闭，由他们拷打去了。

主审官何铸，是秦桧门徒之一，也曾弹劾过岳飞。他再三鞫问岳飞有无与张宪通书谋反。岳飞一怒之下，解开衣服，赤露背脊给他们看，但见背上刺有“尽忠报国”四个大字，深入肤理（《宋史·何铸传》）。何铸一见，心中肃然起敬。在审案过程中，何铸又发生了疑问：张俊根据王俊的首供奏，称岳飞与张宪通书谋反，可是经对证，张宪一直不伏；王贵告发他收到岳飞要他谋反的信，但审讯岳飞、岳云时，他们的辩词确实十分有理，因此王贵的告发可予以否定。再则张俊也拿不出所谓“岳、张通书”的物证。而王俊“首告状”中，王俊自己就承认没有看见岳飞、张宪互派人员来往联系，看起来，枢密行府奏呈的“岳飞与张宪通书谋造反”的狱案令人怀疑。经翻来覆去审讯，何铸认为缺乏足以定案的证据，从而得出结论：岳飞无罪，这是一桩冤案。当他把审讯的结果详细地告诉秦桧时，大出他的意料，秦桧竟沉下脸说了一句：“此上意也！”

秦桧视何铸为同党，讲话不用戒备，他故意泄漏“天机”，意在胁制何铸，定要把岳飞审出个“谋反罪”来。可是何铸坚持原则，即使是皇上意旨，也不愿奉命。他对秦桧说："铸岂区区为一岳飞者，强敌未灭，无故戮一大将，失士卒心，非社稷之长计！"秦桧气得瞪目竖须，讲不出话来。但他是宰相，大权在手，何铸既不可信，马上改命万俟卨主审"岳飞狱案"。何铸以后被高宗"命之出疆"，叫他去金国做划分国界的使者去了；后来又被秦桧一伙指控为"党恶"岳飞，流放外地，丢掉了官职。（《系年要录》卷一四六，绍兴十二年八月丙寅条）

万俟卨擢升为御史中丞，完全奉行高宗、秦桧陷害岳飞的意旨。他主审后，严刑拷打岳飞父子与张宪，逼他们供认。但万俟卨的残酷炼狱，也未能使岳飞三人招供，万俟卨重演张俊的故伎，再次捏造材料，说岳飞曾叫于鹏、孙革写信给张宪、王贵，令他们假造金军入侵的军情上报；说岳云写信给张宪、王贵，要他俩筹划审处。岳飞三人当堂要万俟卨拿出物证来，万俟卨拿不出，竟胡说是"张宪、王贵当时焚烧了当"。这真是咄咄怪事，王贵是告发者，既存心告发岳飞，能将如此重要的"罪证"付之一炬吗？

万俟卨急欲将岳飞父子及张宪铸成"谋反罪"，虽然用尽了心机，施尽了刑罚，但从十月十三日把岳飞投进监狱起，到十一月十七日，仍然搞不出一条足以成立的"谋反罪"证。万俟卨一伙惊慌起来了，他们忧愁没有定罪的材料可以了结案件。

岳飞下狱的这一个月，正是宋金两国派遣使者频繁接触，谈判和约最忙碌的日子。十一月七日，兀术放还扣押多年、已变节降金的南宋使臣魏良臣等人还宋，并批准了南宋主动提出的和议条款：

一、宋金疆界，东以淮水中流，西以大散关为界。宋割唐、邓二州及商、秦二州之半归金。

二、宋向金称臣，每年向金纳贡银二十五万两，丝二十五万匹。

金使者萧毅随同魏良臣至宋，和约顺利签订。十一月下旬，高宗正式宣布“大金国已遣使通和”。从此官方文件统称“大金”，不得斥骂“虏寇”“夷狄”“仇敌”等。

南宋爱国军民满怀悲愤，他们对皇帝、宰相的投降决策，敢怒而不敢言，对岳飞的冤狱暗中忿忿不平。独有一个住在南剑州（福建南平）的布衣（没有功名的读书人）范澄之，在《上高宗书》中大义凛然地斥骂高宗、秦桧“媚虏急和”：

> 昨睹榜示，遽以枢密行府见勘张宪，其谋有累于岳飞，遂逮系诏狱，连及妻子。天下之人不知岳飞之罪，又畏扇摇之诛，莫不顾盼相视，徬徨不能去。如病喑之人，终日茹苦而不敢吐，何者？事出于疑似之间，而圣人难知者也。……况方当迅雷震霆之怒，势不及于掩耳，而天下之民疏贱无知，不敢为陛下言……宰辅之臣媚虏急和，又决不为陛下言。是陛下卒不得而临照之。（《金佗续编》

卷三十《南剑州布衣上皇帝书》）

这个与岳飞素不相识的读书人的看法，正反映了当时南宋军民的普遍心理。他们根本不相信岳飞有罪，认为这是冤狱，是宰相和一些大臣一手操纵的诬陷，甚至认识到这个冤狱的兴起与媚虏求和有密切的因果关系，亦即与这个决策的裁夺者——皇帝有干系。范澄之说，老百姓心事重重，彷徨不安，人民不敢讲出心里话，只好沉默。因为对一个位列将相的岳飞都可任意地投入监狱，那平民百姓又怎能不恐惧“扇摇”之诛呢？

范澄之的话不幸而言中，只因他上书揭露了事实，后来果然获罪被“窜死”！刚遭耿著事件打击的韩世忠，心里明白岳飞冤狱只是耿著事件的翻版，他万分气愤，但又无可奈何，只好期待着事态向对岳飞稍为有利的方向发展。如今眼看朝廷又派魏良臣带着投降条件出使金国，实在不忍坐视，就上章指斥“秦桧误国”。结果，立即遭到秦桧党羽弹劾。韩世忠赶快上书请求辞职，高宗、秦桧也就顺水推舟地同意他辞职。岳飞被囚、韩世忠去职，两员反对议和最激烈的大将都被打下去了，朝中文官武将，谁还敢站出来反对议和？

韩世忠虽然没有被打进监牢，但他从此以后，“杜门谢客”，“绝口不言兵”，骑驴携酒，日游西湖，最爱灵隐，以游山玩水消愁解闷。然而，浊酒一杯，浇不灭韩世忠心头的怒火；他忧心如焚地注视着岳飞冤狱，度日如年。韩世忠担忧国家的前途，担忧忠臣良将葬送在昏君奸臣手里！

到了十二月中旬，岳飞仍囚禁在诏狱里，毫无开释的音讯，韩世忠无法克制自己了，挺身而出，不顾会有什么可怕的后果到来，去找秦桧，当面质询：“岳飞的‘谋反罪’到底确实也不确实？”秦桧蛮横地、含糊其词地回了一句：“飞子云与张宪书虽不明，其事体‘莫须有’。”韩世忠气愤地说：“‘莫须有’三字何以服天下？”（《宋史·岳飞传》）

38 岳飞坚贞不屈　高宗下诏赐死

宋金和议达成，高宗从登位以来孜孜以求的宋金并存局面，总算实现了，虽然为此付出了称臣、割地、纳贡的高昂代价。使他特别感到满意的是，大兴“岳飞诏狱”，施展杀一儆百的权术，终于镇服了抗战派，排除了对和议的干扰因素，遂使议和实现的进程比预期快得多。现在剩下的问题是，要迅速了结岳飞狱案。

岳飞的狱案既因和议而兴，那么在和议业已告成，目的已经达到之时，高宗将采取什么方式了结此案呢？

平民范澄之上书，希望高宗从疑案中把岳飞释放出来，以保全皇帝陛下高明的功业。范澄之的想法是善良的，但也是幼稚的，因他不懂抗金与投降斗争的尖锐和残酷。

高宗当然不可能将岳飞释放。第一，他怕和议没法坚持下去。第二，释放岳飞意味着当初的兴狱即为有意制造的冤狱，这样，在臣民面前，他将处于不利的地位；如果抗战派势力东山再起，追查责任，问题岂不更大？第三，他怕岳飞怀恨在心，留下后患。事实上，高宗在下诏逮捕岳飞入狱时，就已下了狠心，一定要假戏真做，给岳飞扣上“谋反”之罪，加以杀害。

作为帮凶的秦桧等人，洞悉高宗的凶残心理，又出于自己的严重利害关系，也必置岳飞于死地而后快。万俟卨对岳飞三人施用了种种酷刑，逼供了两个多月，但岳飞父子坚强不屈，万俟卨仍一无所得。这时，不仅街头巷尾，人们窃窃私议，而且像韩世忠这样的退职大臣竟也当面指责秦桧：“‘莫须有’三字何以服天下？”秦桧等人由于搞不到定案的供词着急万分。秦桧的妻子王氏看到秦桧焦急无策的模样，阴险地从旁提醒秦桧说：“老汉为何这般迟疑不决？须知捉虎易，放虎难也！”这话提醒了秦桧。

十二月十八日，秦桧亲自下令重以“淮西逗留”罪名审问岳飞。因为“临军征讨，误期三日，律当斩”，这条罪状如能构成，那就足以置岳飞于死地了。但这项罪名纯系张俊的诬告，因此万俟卨受命后，就立即派人抄了岳飞的家，抄去高宗给岳飞的全部诏书，灭掉岳飞可以自辩的物证；接着又勒派大理寺评事官元龟年，将岳家军淮西行军日期有意错乱地加以编排。这一条“罪状”就这样“傅会”（硬凑）成了。

王俊又被拉来告发岳飞讲过“反话”，他诬告道：“飞自郾城回军也，在一寺中，与王贵、张宪、董先、王俊夜坐，移时不语。忽作声曰：‘天下事竟如何？’众皆不敢应。宪徐言曰：‘在相公处置耳！’”这番话，被解释为蓄意谋反。亏得王俊深藏得这么久，等到秦桧山穷水尽时，才抛出这样一条材料来。证人呢？王俊是告发者，不能作为证人，王贵又被拉来作证了，但还得要有一个人作证。关键的人物就是董先了。秦桧急召董先从武昌赶到临安。秦桧亲自交代董先：“止（只）有一句言语，要你为证了。只今日便可出。”说罢，张宪被两个大理寺官员押送到大理寺对证。慑于秦桧的气焰，董先不敢正视岳飞，招了假口供。“岳飞犹不伏”，然而这条“罪状”，就算定了案。

又有人告发岳飞“自言与太祖（赵匡胤）俱以三十岁为节度使”，但是，据董先部下人的证明，岳飞只讲过类似的话，原话是这样的：“我三十二岁建节，自古少有！”岳飞如果讲过这样的话，顶多属于自鸣得意而已。可是经告发人篡改，年龄故意减掉两岁，恶意地拿他来比附宋太祖，于是这句话构成了“指斥乘舆”（触犯皇上）、怀有“僭越”异志的谋反罪了。在酷刑之下，张宪被折腾得神志不清，被迫按诬告承认了下来。这样，岳飞又增加了一条“大逆不道”罪。

经过秦桧等人的罗织罪名，岳飞冤狱要定案了。大理寺丞李若朴、何彦猷提出判刑意见：岳飞判两年徒刑，大理寺卿周三畏当即批准。他们心中明白岳飞冤枉，高宗、秦桧的残酷，如果按照捏造的“罪名”判决，那么其中任何一条就能判处岳飞以死罪。周三畏把定案送报岳飞案狱的主持者御史中丞万俟卨。万俟卨十分恼火。周三畏昂然地说了一句：“当依法！三畏岂惜大理卿！”万俟卨竟撇开周三畏、李若朴等人，自行修改判决书后，又退回大理寺，令其重报。

绍兴十一年（1141）十二月二十九日，农历除夕，大理寺将定案报送尚书省秦桧那里。在被告人不服、物证缺乏的情况下，竟以所谓“众证”（旁证）判定岳飞两大罪状：

一、据众证，“尝自言与太祖俱以三十岁封节度使”，犯“指斥乘舆”罪。依法：“指斥乘舆情理相切害者斩。”

二、敌侵淮西，亲受御札（高宗给岳飞的诏命）十三道，“不即策应”，犯“拥兵逗留”罪。“律有临军征讨，稽期（延期）三日者斩。其岳飞合（该）依斩刑。”

张宪犯“谋叛”罪，“律谋叛绞。其张宪合于绞刑”。

岳云犯“致（唆使）张宪谋叛”罪，“徒三年，追一官，罚铜二十斤”。

未成年的岳雷，通过审查，“别无干涉罪犯（与罪犯毫无牵连）”。

大理寺乞“取旨裁断（候皇上下旨决断）”。高宗收到大理寺“岳飞断案”后，当天批复：

> 岳飞特赐死，张宪、岳云并依军法施行，令杨沂中监斩。仍多差将兵防护。（《朝野杂记》乙集卷十二《岳少保诬证断案》，个别字参

照《系年要录》卷一四三改）

高宗将二十三岁的岳云，由原判三年徒刑改判死刑，可见高宗对坚决抗金的岳飞父子的恐惧和仇恨。

岳飞从入狱第一天起，就同高宗、秦桧投降集团展开了坚决斗争。“飞久不伏，因不食求死。”岳飞胸怀浩然正气，他一生抗金，以身许国，早已置生死于度外；他的绝食是针对高宗、秦桧这伙民族败类的，表明他的无比愤慨和宁死不屈的意志。

岳飞绝食，吓坏了奸党。他们赶紧把十六岁的岳雷同岳飞关在一起。岳雷看见父亲不吃饭，他也吃不下饭，伤心地哭个不停。为了儿子，岳飞虽然因此未能绝食而死，然而他在狱中揭穿了投降派对他的种种诬陷，他横眉冷对，宁为玉碎，不为瓦全，始终不渝地坚持抗金的民族立场。

临刑前，岳飞在狱案上挥笔写下了八个大字：“天日昭昭！天日昭昭！”（《说郛》卷十九，曾三异《因话录》）

这八个字是岳飞投向昏君奸相一伙民族败类的一把利剑！

这八个字表明了岳飞深信冤狱有朝一日必得昭雪，历史最终会裁判这伙民族败类！

绍兴十一年农历岁除之日（1142 年 1 月 28 日），我国历史上伟大的民族英雄——岳飞，被投降派杀害于监狱之中。时年三十九岁。

高宗下毒手杀害岳飞，有充分的历史材料可资证明。虽然在南宋时期，人们不敢直指高宗为罪魁，但人民的心中是一清二楚的；尤其在宋代以后，不少文人墨客，就直截了当地揭露了高宗投降误国的真面目。明代文徵明有《满江红》词一首：

拂拭残碑，敕飞字依稀堪读。慨当初倚飞何重，后来何酷！果是功成身合死，可怜事去言难赎。最无辜、堪恨更堪怜，风波狱。

岂不念，中原蹙？岂不惜，徽钦辱？但徽钦既返，此身何属？千古休夸南渡错，当时自怕中原复。笑区区一桧亦何能，逢其欲！

元代官修的《宋史·岳飞传》末的论赞中，更明确地指出：“高宗忍自弃其中原，故忍杀飞。”

39 朝野万马齐喑　中原父老坠泪

岳飞投身于十多年的抗金斗争，没有壮烈地牺牲在战场上，却死在投降派的屠刀之下。这是岳飞的悲剧，也是南宋爱国军民的悲剧。

在岳飞被杀以后、高宗继续当政的二十年中，南宋朝廷里再没有人敢提北伐中原、恢复失土，再没有人敢议论和议为失策，抗战派被钳住了口。这时，抗战派大将韩世忠去职，吴玠已死，刘锜调任，正是罢的罢，杀的杀，死的死，调的调，最有影响力的抗战将领被一扫而光。但高宗、秦桧并不就此罢休，在杀害岳飞后，还在朝廷中进行彻底的清洗。对已经被斥罢的抗战派大臣张浚、王庶一贬再贬；反对绍兴和议的将领解潜、辛永宗贬窜至死；沿江安抚大使刘子羽因对宋金和议表示不满而被罢职；知商州邵隆因反对将商州割属金国，并派兵袭击金占领军，后被秦桧遣人毒死。甚至连前宰相赵鼎，因说了句“和不可成”而一罢再罢，也被迫害致死。到了绍兴十二年（1142）冬，离岳飞遇害不到一年，所有反对过和议的文武官员，几乎都遭清算。但是，秦桧党羽罗汝檝还叫嚷：“论异议之人，尚有偶逃宪纲者，张戒是也。”于是，张戒终于逃不脱投降派布下的天罗地网，也被罢了官。

在抗战派遭到摧残的同时，投降派纷纷升擢，晋爵加官，充塞朝廷。秦桧已经独相，官职不能再升，高宗给秦桧加太师衔，封他为魏国公。高宗极力赞许张俊，说他“有和敌功，与世忠相去万万”，为此，封张俊为益国公；死后还特封他为“循王”，这是南宋破例进封的第一个异姓王。对杨沂中，高宗加封他为少保，位列“三公”，并赐名“存中”。杨沂中死后，也追封为“和王”，备受宠荣。对卖力锻炼岳飞成狱的万俟卨，高宗提升他为参知政事（副相）。凶恶的爪牙罗汝檝被升为高宗侍读、御史中丞。从此，以高宗、秦桧为核心的投降派，牢牢地控制了南宋政府。

岳飞一手培养起来的抗金长城——英勇的岳家军，自然难以逃脱投降派的摧残和破坏。岳家军被张俊的女婿田师中所掌管。猛将牛皋，后来就被田师中毒死。除王贵、王俊已卖身投靠投降派未遭惩办外，大多数岳飞部下的将领皆被田师中倾轧，罢官的罢官，编管的编管，走的走，散的散。岳家军士兵们对此表示了强烈不满，高宗竟亲自下谕，向岳家军士兵施加压力。南宋抗金军的其他几支劲旅，如韩世忠军和刘锜一度统领的“八字军”，也受到排挤和打击。岳飞被杀，人心丧尽，举国万马齐喑，部队士气急剧下降。

岳飞之死，是南宋政治、军事的巨大转折点。从此以后，南北分裂的政治局面形成，不可逆转，给统一多民族国家的发展带来了十分不利的影响。二十年后的隆兴元年（1163），孝宗赵昚怀有北伐的雄心，曾起用了抗金老臣张浚，派兵十三万北伐。但是由于当时的军队素质已经变了，军无良将，兵多弱兵，遂酿成“符离之败”，就是明证。

长期分裂的局面，给南北经济发展带来了严重的影响。特别是全国经济发展重心的中原和关陕之地，在受到严重的战争破坏后，又处于金人野蛮、落后的统治之下，生产萎缩，土地大片荒芜。13 世纪初，由于金人“刷地”（疯狂地掠夺汉人土地）的结果，使原有耕地为一百九十万顷的河南，实际耕种的田地下降到九十六万余顷，一半以上都荒废了。一面是肥沃土地任其荒芜，一面是世代耕种的农民无地可种，到处流亡，这样尖锐的矛盾，造成了对社会生产力的极大破坏，严重地阻碍了社会经济的正常发展。

从此，南宋爱国的人民，只能在梦中，在诗中，寄托恢复中原、统一祖国的心愿，正如爱国大诗人陆游绝笔诗中所写的：

死去原知万事空，但悲不见九州同。
王师北定中原日，家祭无忘告乃翁！

而北方沦陷区人民，只有在泪中，在信中，倾吐民族压迫下的痛苦和悲愤：

三万里河东入海，五千仞岳上摩天。
遗民泪尽胡尘里，南望王师又一年！（陆游《剑南诗稿》卷二十五《秋夜将晓出篱门迎凉有感》）

第七章

高风亮节 旷世贤将

40 节俭廉洁　谦虚敬贤

岳飞起自寒微之家、行伍之中，不到十年，“位至将相”。他虽身居显位、高官厚禄，但并没有忘记民间的疾苦，而是保持了节俭淡泊、刻苦励志的美德。

当时诸大将中除岳飞外，刘光世、张俊、韩世忠、吴玠、杨沂中，都以经营田产致“金钱巨亿”，“置歌儿舞女”竞相侈靡。高宗也鼓励他们这样做。例如韩世忠于新淦县购买田产，高宗闻知后，十分高兴，认为韩世忠“为子孙”计谋后福，没有其他野心，特别表彰他的“忠”，因此，赐名韩世忠新得的田庄为“旌忠庄”。再如杨沂中在西湖边大造私宅，擅自引西湖水环绕杨宅四周，受到了朝官的控告。高宗则亲自为他辩解说：“若以平盗之功言之，虽尽以西湖赐之曾不为过！”（周密《齐东野语》卷四）张俊派士兵搞海外贸易，一次垫付本钱五十万贯，“获利数十倍”；他贪占良田遍天下，罢兵权居家后，每年收租米达六十万石。

而岳飞，除了高宗赏赐之外，不经商，不置田产，不营造豪华的宅邸。平时饮食不超过两个荤菜。一次，岳飞留部将郝晸进餐，碰巧一个荤菜也没有。郝晸进供酸馅，岳飞尝后，把剩下的当作“晚食”。又一次，岳飞发现饭桌上添了一道红烧鸡，他马上查问，厨师回答说，是州里送来的。岳飞传命下属，此后不许为他进送佳肴。岳飞在家穿的是布衣素服。岳飞不娶姬妾，家中更无歌儿舞女。蜀帅吴玠的一个属官，到鄂州来与岳飞商议军事，岳飞设宴招待他。使这个属官非常奇怪的是，宴会结束了，也没有出现一个女人来陪酒。他回四川后，即向吴玠谈起此事。姬妾成群的吴大帅，从结好岳飞考虑，立即花两千贯钱买了一个出身于士族家庭的姑娘以及陪嫁的金珠宝玉送给岳飞，岳飞盛情难却，但以岳飞的志向和情操是断然不能纳妾的。如何婉言辞谢呢？岳飞自有办法。见面时，岳飞叫她立在屏风后面，对她说：“我家的人，都穿布衣，吃的是肉末酱面。女娘子倘能同甘苦，就请留下。否则，我不敢留。”姑娘只是吃吃地发笑。她原是为了坐享富贵而来的，听了岳飞的话，感到身入将相之家，居然要过这般清淡生活，不免感到好笑，这当然是不满意的表示。岳飞于是对姑娘说：“既然如此，则不可留也。”岳飞把姑娘连同嫁奁都退了回去。当时部将都劝岳飞把她留下，“以结好”吴玠。岳飞说：“如今国耻未雪，难道是大将安逸取乐的时候吗？”吴玠听说后不但不生气，反而愈加敬重岳飞。

岳飞自己过着淡泊清廉的生活，对他人则慷慨解囊。他得到的朝廷厚赏，都用来奖励战士。军中缺粮，宁可出家财、私藏以资助。母亲、兄弟从北方接出来后，在九江安家，聚族而居，但家产“仅有田数顷”。

岳飞被害抄家，“家无余财”。秦桧不相信，穷凶极恶地审问岳飞家的吏仆，结果，还是被抄家时那点财物。二十年后，岳飞得到平反昭雪，朝廷偿还岳家充公的财产，计钱仅三千八百二十二贯，水田七百多亩，陆地一千一百多亩。经办的官员，“恻然叹其贫”（《金佗续编》卷十三《户部复田宅符》；《宋会要辑稿·方域》四之二五）。而大将刘光世，不算他在浙江青田霸占的大片土地，光在淮东就夺取民间膏腴水田三万亩。当时诸大将在杭州都建有规模宏大的宅邸，唯独岳飞没有。高宗打算在杭州给岳飞建造华丽的府邸，岳飞慨然辞谢，他说：“北虏未灭，臣何以家为！”

淡泊存高志，宁静以致远。岳飞确是当之无愧的。

岳飞入伍时喜饮酒，数斗不醉，后来因醉酒打过人。高宗面诫他，等到收复中原，方可饮酒。岳飞从此戒酒。当时，盛行室内烧香，特别是仕宦之家，爱烧进口的高级香料（沉香、檀香、乳香），被作为一种高级的享受。一天，岳飞以沉香分给属官，一人一块，黄机密分得的最小。岳飞感到分得不均匀，取出一袋重新分配，轮到黄机密，剩下的又是最小。岳飞不知如何是好。黄机密说：“某以一身从军，虽沉香，无所用之。”岳飞听了很高兴地说：“某旧日亦爱烧香，在瓦炉中烧柏香耳，后来亦摒之。大丈夫欲立功业，岂可有所嗜好耶？”

岳飞办事果断，但绝不刚愎自用。他能够广采众智、虚心纳谏。每当出征，十人争陈方略，岳飞则考较其优劣，有选择地采纳，并各赠送一份礼物。部将郝晸的门客侯邦，太学生出身，一次向岳飞献计，为岳飞所采纳。岳飞感到这是一个人才，便留于帐前使用。郝晸害怕侯邦在岳飞面前揭发他的阴私，要设法除掉他。岳飞知道后，大怒说：“郝晸何人，敢杀士人！”侯邦遂得到了岳飞妥善的保护。平时，岳飞常对周围的属官说，倘有做得不是之处，应当及时提醒他，以消灭工作中的大小错误。对重大的事，岳飞总是先找人共同商量，慎重处理。

南宋诸大将如张俊、刘光世、杨沂中等人都是贪功忌才的人。一次，刘光世在高宗面前大言不惭地夸口：“他日史官记中兴各将帅，书臣功，功第一！”对这样一个尸位素餐的懦将，如此贪功，连高宗也不得不申斥他“徒为空言”。而岳飞功盖天下，却从不居功。每临功赏，总是以“无功”辞谢。高宗也不得不承认岳飞“推功名而不居”，“每拜官必力恳避”。岳飞不以功自居，却推功及人，让功于同列与部属，这是南宋诸将中所仅有的。如收复襄阳六郡时，朝廷曾命刘光世派兵出援。结果，在岳飞收复襄阳六郡的第三天，刘光世所部郦琼的五千军马才姗姗而来。可是，岳飞上报战功时，却请求“先推刘光世军犄角之功”。他说：“虽其至不及期，然臣之军士知有后援，所以能成薄效。”（《金佗稡编》卷十一《乞先推刘光世军犄角赏奏》）而对部属，更是“尺寸之功，丝毫必录”。他总是说，所打胜仗，“皆将士竭力，在臣何功”。

岳飞位居显要，职权很大，但他从不以私事去“干请朝廷”。幕僚刘康年，受命赴临安呈报收复襄阳之功时，利用职权，在空名印纸（空白公函）上填写了封岳飞母亲为“魏国夫人”，岳雷授“文资”官阶的请求。朝报公布了此项任命后，岳飞不胜惊骇，立即上书力请收回成命，表示决不敢以“私门”希求恩宠。为此，岳飞还惩办了刘康年，并要求朝廷对他治罪。对比之下，张俊请求政府“独免”他家族大产业的科赋，刘光世请以淮西田换淮东膏腴田，何啻天壤之别！岳飞不以“私事干请于朝”，当时朝野“翕然称美”，都说岳飞“有古贤将之风”。（《系年要录》卷八十四，绍兴五年正月癸酉条）

岳飞为人刚直不阿，正气浩然，而且重情谊，讲恩信。当高宗、秦桧设计陷害韩世忠时，张俊明知韩世忠无辜，但他为了保住自己的地位，不惜依附秦桧，陷害韩世忠。而岳飞得知高宗和秦桧、张俊要陷害韩世忠时，竟奋不顾身地保护韩世忠。岳飞坚持正义，从不以炎凉荣辱改变对人的看法，他痛恨忘恩负义之辈。张所是岳飞崇敬的前辈，也是岳飞的“恩人”，在岳飞危难之秋，他提拔了岳飞。

可是不久，张所的境遇一落千丈，为投降派所斥罢，死于岭南。当时有些士大夫，对在朝的投降派唯恐攀附不上，哪里肯替张所讲句公道话？岳飞却在张所落难之后，寻访到张所的幼儿张宗本，把宗本当作自己的亲生儿子，亲自教导抚养。宗本到了弱冠之年，岳飞又把朝廷推恩例赐给自己儿子的官职，让与宗本。张所死后多年，岳飞还在给高宗上书中称赞张所力主收复两河的抗金决心，痛斥“误国败事”的奸臣。

41 教子从严　奉母至孝

岳母刺字，激励岳飞从军抗金，尽忠报国，为岳飞教子树立了榜样。岳飞有五子一女，儿子为岳云、岳雷、岳霖、岳震、岳霆，女儿为安娘。

岳飞对子女教育极为严格，首先从生活上培养艰苦朴素、热爱劳动的美德做起。当时，从农村到都市，酒铺林立，喝酒成风。岳飞却规定儿子们：除了喜庆节筵外，平日里一律不准喝酒。每天对子女们的功课是抓得很紧的，学业完成之后，岳飞还要他们拿着畚箕，扛着铁锹，到菜园里劳动。他常对子女们说："稼穑艰难，不可不知也！"

宋朝的官员到了一定的品级，规定其子孙享有当官的权利，官品越高，可封官数目越多，这个制度叫"任子恩例"。岳飞一生只"享受"过一次特权，他不是替儿子补官，而是让给了恩人张所的儿子张宗本，他没有让自己的儿子享受这种特权，宁可让儿子们闯出一条"自立勋劳"（《金佗续编》卷三《辞男特转三官授武略大夫所请宜允诏》）

的道路。

身材瘦小的岳云，十二岁那年，即被岳飞送到张宪部下当一名士兵。当时，岳飞部队中都称岳云为“羸官人”（弱官人）。岳云入伍后，岳飞视岳云和其他士兵一样。生活起居，训习武艺，行军作战，都不许有特殊照顾。一次，岳云身被厚重的铠甲，骑马练习下坡，因马绊倒，岳云被摔了下来。岳飞认为这是岳云平时缺乏训练的缘故，不禁怒声喝道：“若叫你上阵驱敌也这样吗？”岳飞立即命令将岳云斩首。幸亏诸部将叩头求救，才免了岳云的重罚，但还是打了这位“羸官人”一百军棍。在严格的管教下，岳云武艺提高得很快。绍兴四年（1134）岳家军收复襄阳六郡，此时岳云年方十六岁，他手持八十斤重的一对铜锤，首先登上随州城，立下了头功。

岳飞对部队将士的战功“丝毫必录”，可是对岳云所立的大功，却“隐匿”不报。事过一年，朝廷负责考核、选拔官吏的部门知道了此事，才按常例提升岳云为武翼郎。岳飞这样做，连张浚也不满，他说：“岳侯避宠荣一至此，廉则廉矣，然未得为公也！”岳飞听了说：“君之驭臣，固不吝于厚赏；父之教子，岂可责以近功？”严于教子，在岳飞心中，还有一个很重要的目的，那就是自己身为统帅，在冲锋陷阵上要身先士卒，在论功行赏上要表现出谦让精神，以便和衷共济。他曾经说过：“正己而后可以正物，自治而后可以治人。若使臣男受无功之赏，则是臣已不能正己而自治，何以率人乎？”（《金佗稡编》卷九《遗事》）为此，他对自己亲属的论功行赏，虽无另文规定，但要求比他人为严。有一次战斗结束，上报战功，张浚向朝廷推荐了岳云所立的“奇功”，朝廷下“特旨”，将岳云连升三级，授予武略大夫（正七品）的官阶。对这样特殊的恩赐，岳飞竟连续上了两道奏章恳辞，他说：“前次战斗，士卒冒着炮石箭雨，有的斩将破阵建立了奇功，我上报其事迹后，才蒙升擢一级的恩赐。而我儿子岳云，从何讲起，敢蒙跃进三级的超擢？”又说：“此次恩数，似出于无名，不是示将士大夫至正之道。……望速收回成命。”在一而再的恳请之下，高宗同意了岳飞的请求。

在岳飞从严的教育下，岳云逐渐成长起来。在二十二岁那年，岳云就能挑起统率一军的重担。颍昌大战中，他亲率“背嵬”军投入血战。在王贵一度怯战、形势不利的情况下，岳云沉着地指挥整个战场的战斗，稳定了战局，最后取得了大捷。这表明岳云无论在军事指挥艺术、作战勇敢和战功建树方面，都无愧为岳家军中卓有声望的一位将领了。

岳飞自己“先天下之忧而忧，后天下之乐而乐”，对家人也如此要求。他一回家，脱下官服，就穿上布衣，因此家人平时都穿布衣。有一次，他偶见妻子穿了绸衣，岳飞就对她说：“我听说皇后娘娘、王妃、贵嫔（指被金人掳去的帝室）在北方过着艰苦穷困的生活，你既跟我同忧乐、共甘苦，那就不适宜穿这么好的衣服了。”李氏夫人听了连忙换穿布衣。

岳飞是个孝子，对老母亲侍奉唯恐不周。不出军时，虽戎务缠身，每天傍晚必抽空去母亲房内探望。母亲卧病以后，他亲尝汤药，跪送病榻，并经常关照家人要注意母亲的饮食寒暖和衣被的替换。在母亲寝室，话不多说一句，走路避免出声，只怕影响母亲的休息。一旦出师，又谆谆嘱咐家人，务必好好奉侍卧病在床的老人。

岳飞妻子李氏夫人，在岳飞、岳云遇害后，便和儿子岳雷等被流放到岭南，从高门显贵的地位跌入比平民百姓还不如的罪徒逆境。但她坚贞不屈，继承夫志，在流离颠沛的困苦生活中，每天仍然督促儿孙们完成当天的学业，从不稍懈。

岳飞的家教是卓有成效的。在儿辈中，培养了岳云这样名垂青史的青年将领；在孙辈中，出了岳珂这样著名的学者。

42

身先士卒　执法严明

岳飞的治军为当时诸将帅所钦佩、所折服，也为朝野所共赞。张俊就曾经向岳飞讨教过治军的经验，高宗也称赞过岳飞“治军之有法，虽观古以无惭”（《金佗续编》卷三《自池州移军潭州奖谕诏》）。这个评语对古代军事家岳飞来说，绝没有言过其实。岳飞治军经验十分丰富，其中有一些经验，直到今天，仍然具有借鉴的价值。

岳飞时刻不忘洗刷国耻，还我河山，他以民族和国家的大义激励士气。出征杀敌之前，岳飞常常亲至队列前，慷慨陈词，每讲到国家的深仇大恨时，又往往情不自禁，仰天长叹，泪水奔涌，气塞得讲不出话。将士们无不感动得欷歔而泣。如建康之战，因统帅杜充降敌，形势十分险恶，岳飞刺血激励将士：“建康，江左形胜地，使敌人占据，何以立国？今日之事，有死无二！”士卒一致表示“愿听命，奋不顾身”。平时与将校谈话，也必以抗金爱国的意气互相激励。由于岳家军将士明确为保卫国家而战，因此，即使在敌强我弱或形势不利时，也能浴血奋战，以一当十。

岳飞关心士卒的生活，与他们同甘共苦。在供给困难的情况下，岳飞“与士卒最下者同食”。行军宿营时，如果士卒露宿野外，岳飞也决不进房。有时地方送来酒肉犒劳，必平均地分配给将士。有时酒的数量较少不够分配，便在酒中掺些水进去，哪怕“人受一啜”也好。朝廷有犒赐，有时数万、有时数十万贯不等，岳飞“一钱不私藏”，如数分给将士。有一次，一个负责分配犒赐的部将，不按岳飞定好的标准发放，并将多余下来的金钱贪为己有。岳飞发现后大怒，立即将这个部将处死了。士卒有病，岳飞亲自抚问，调药。部队出征后，岳飞吩咐留守人员要关心将士家属的生活，还叫自己妻子去慰问将士家属。有困难的士兵家庭，嘱咐留守部门赠送银子、绢帛，以解除前方将士们的后顾之忧；家属受到照顾和关怀，纷纷勉励丈夫、儿子在前线杀敌立功。

岳飞治军纪律严明，秋毫无犯。他规定凡是损坏庄稼，妨碍农作，买卖不公平的，要处极刑。有一个士兵，私取老百姓的一缕苎麻用来捆马草，岳飞查实后，当场斩首。部队行军宁愿夜宿村头，也不去惊动村民；即使村民请他们进屋去住，如果没有上级的命令，依然不敢进去。住在老百姓家里，起床后第一件事，把铺草捆好，接着洒扫门庭，帮助房东家洗涤盆碗。这些工作做好后，队伍才离开。（周密《齐东野语》卷二十《岳武穆御军》）

援淮西时，岳飞军屯驻合肥。岳飞曾派遣一骑兵渡过长江送公文，不巧碰上长江风急浪高，渡口禁渡。骑兵不顾渡口管理人员的劝告，坚持非渡不可。他说：“宁愿溺死在江中，我也不敢耽误岳相公的命令。”

一个姓项的樵夫，从来没有遇到过像岳飞军这样好的军队，因此，对前来买柴的岳家军士兵特别热情，主动减价，每担少收两个钱。可是，岳家军士兵严格遵守军纪，坚持照市价付钱。樵夫一再推让，买柴的士兵非常感谢樵夫的好意，最后却不得不说：“我能够为两个小钱掉一颗脑袋吗？”

岳飞要求将士遵守纪律，做到秋毫无犯，自己也身体力行。一次行军经过某地，部队第二天就要开拔。地方官听说岳飞来了，天一亮就在城外路口搭起帐篷，准备了盛筵饯别岳将军。可是，眼看队伍快走完了，也未见到岳飞，这些地方官发急地问：“大将军何在？”殿后军官回答说：“已混杂在普通将佐中走了！”为了不打扰地方，岳飞不摆大官架子，严于律己，为将士们做出了榜样。

在南宋初期，除岳飞军外，其他官军没有不抢掠的。张俊部队从宁波行军至温州，所过之处，“鸡犬为之一空，居民闻其来，逃奔山谷，数百里间，寂无人烟”（《会编》卷一三六《汪藻上疏》）。王瓔军从江西上饶入福建，所过州县，敲诈勒索，一开口就要上千两银子。连韩世忠这样较好的抗金军队，在粮食匮乏的情况下，也免不了抢掠。

有一次，他的部队经过浙西，“浙西为之骚然”。而岳家军却做到了“冻死不拆屋，饿杀不打掳”，因此才显出它是历史上少见的军纪严肃的部队，赢得“行师有律，几不犯于秋毫”的评价。各地百姓听说岳家军经过，人民相呼共观，“举手加额，感慕至泣”。

岳飞执法严明，赏罚公平，“待千万人如待一人”。赏者不嫌疏，罚者不避亲。在攻莫邪关时，张宪的部下郭进先登，岳飞当场解下金束带，连同自己所用的银器加以赏赐，并把他从士兵升为军官。凡是立有战功的，无论是将领还是士卒，岳飞决不遗漏一人。谁如果违犯纪律，也不问是亲还是疏，是官还是兵，决不放过。岳家军屯驻徽州时，老百姓控告岳飞舅父姚某有欺压行为，岳飞就将此事转告母亲，要母亲罚她的兄弟。一天，部队从徽州出发，岳飞与舅父姚某同行，不料，这位舅父受岳母责罚后不但不认错，反而怀恨在心，竟图谋杀死岳飞。走了一段路程后，姚某突然纵马跑出数十步之外，回头引弓向岳飞猛射一箭，幸亏这一箭射在鞍桥上。岳飞大怒说：“不愿受法纪约束的人，要他何用？”他拍马追上，将姚某一举擒下马来，斩首示众。

又一次，岳飞行军路过一家新盖的店铺，发现屋檐上少了一束茅草，岳飞马上找来店主人，问道：“这必定是我军士卒取走的吧！”店主回答说：“岳宣抚军不曾一毫打扰人。这块空缺是偶尔空下未及盖好的。”岳飞不相信，立即派人调查，不一会，查到是一个骑兵弄下来的。岳飞想马上对他加以重罚，这时，有个军官向岳飞讲了事情的经过。原来这个骑兵进店吃东西，因急于赶上部队，上马时用力太猛，遂不慎将屋檐上的一束茅草弄了下来。这时店铺老板全家也哭着向岳飞求情，希望赦免了他。但岳飞为了严肃军纪，还是打他一百记军棍。

赏罚严明，不等于滥用刑罚。岳飞对将校们说，士卒有过，应该以教训为主，不要动不动就鞭笞杖击。有一位偏裨将叫杨贵，他将一名擅离队伍的士兵切割处死。行刑时，正好被岳飞亲自率领的一支巡逻兵遇见。岳飞查问了处分这位士兵的原因，岳飞感到这个处分太重了。当时这位士兵尚未死，岳飞顾视左右，示意他们出来祈求杨贵，免去这个士兵的死刑。结果仍被杨贵拒绝了。这位士兵断气后，岳飞亲自解下自己的衣服裹尸。回去后，立即召杨贵到军帐，岳飞严厉地责问他："擅离队伍罪，不至于处极刑。你该以死相赎。"杨贵惶惧，话也讲不出来。多亏诸部将跪下求饶，才免了杨贵的死罪。后来岳飞允许杨贵立功赎罪。（曾敏行《独醒杂志》卷七《绍兴六帅》）

岳飞主张重选拔，谨训习，兵贵精，不贵多。高宗下诏将韩京、吴锡二军拨给岳飞后，岳飞将其老弱和不习于战斗的兵卒遣送回家，留下的竟不满千人，由此可见岳飞选拔之严。留下的这些士兵在岳家军中专门训练了几个月，才算合格。岳飞军有一支精选的劲旅，称作"背嵬"军（即亲随军），比其他将帅的亲随军战斗力更强，堪称勇健无比。“凡有坚敌，遣背嵬军，无有不破者。”（赵彦卫《云麓漫抄》卷一）平时，岳飞十分重视军事训练，视无事如有事。训练时，训练项目、训练要求，均根据实战需要出发。有时老百姓围观，惊叹岳家军将士武艺的高超，“望之以为神”。

岳飞在战斗中总是身先士卒，带头冲锋陷阵。古代战争，全靠旗头的旗帜来指挥，旗进则众进，旗退则众退。因此，旗头成了敌人的众矢之的，是十分危险的。岳飞从列校到部将，直至统帅，凡是他亲自参加的战斗，总是身先士卒冲锋陷阵，“自为旗头”。凭着他的勇敢、智谋和武艺，带领部队在敌阵中横冲直撞，每次都赢得胜利。岳飞对自己要求如此之严，可是，对他人的要求则并不高。他说，战阵一拉开，只要手握得牢枪，口里有唾水可咽，就算是有“勇气”了。机密文书黄纵是一个文官，北伐时，随军到中原。他看到大平原上数万、十数万人的大战，心惊肉跳，看也不敢看。岳飞为了培养他的胆略，选择了一次规模较小的战斗，亲自带他上战场。岳飞吩咐他，只许站在马旁边观战，不能离开战马。因为你一离开马，在战场上走动起来，打乱了全军注视旗头的注意力，后面人一箭就会把你射杀。等到大阵动了，方可随着大家移动。黄机密上战场后，担心的倒不是自己，而是旗头。当战斗结束后，他对岳飞说：“敌人狡猾，你亲自当旗头指挥，如果敌人认出了你岳宣抚，聚集起强弓硬弩集中射你，那可怎么办？”

黄机密的话很有道理，但岳飞却没有采纳。因为，岳飞认为在必要时统帅必须身先士卒，才能亲自在战场上灵活指挥，才能鼓舞将士的斗志，夺取战斗的胜利。

一支严格执行命令、视死如归、武艺高强并得到人民拥护的军队，必然是所向无敌、百战百胜的军队。历代名将治军的业绩，还没有能够超过岳飞的。

第八章

正气长存
世代尊崇

43 丹心耀千古　精忠传人间

岳飞被诬犯“意欲谋叛”罪，为高宗、秦桧杀害后，朝廷迅速将岳飞的死刑判决书刻板印成榜文，在全国各地公布。

岳飞遇害的当天，临安（杭州）人民痛哭流涕。南宋爱国大诗人陆游说：“张德远（张浚）诛范琼于建康狱中，都人皆鼓舞；秦会之（秦桧）杀岳飞于临安狱中，都人皆涕泣。是非之公如此！”（陆游《老学庵笔记》卷一）

尽管秦桧的党徒密布都城，但当时就有不畏风险的义士隗顺，偷偷地将岳飞遗体从大理寺狱中背出，翻过城墙，埋于九曲丛祠附近，称贾宜人墓。从此以后，每逢除夕天下雨，江浙一带的民间，就有这样的传说：忠臣岳飞在除夕被秦桧害死，连老天爷也为岳飞的冤死痛哭落泪呢。

岳飞死后，爱国军民举行各种各样的悼念活动。驻杭州西溪寨的官兵子弟，借迎请“紫姑神显灵”名义，竟模仿岳飞的笔迹，以岳飞的口吻写了一首绝句，来寄托他们的哀思："经略中原二十秋，功多过少未全酬。丹心似石凭谁诉？空有游魂遍九州。"（郭彖《睽车志》）这件事传出后，秦桧"闻而恶之，擒治其徒，流窜数人，至有死者"。但是全国到处都有人纪念岳飞，痛斥秦桧。如建康人民，也通过"请仙"的方法，写诗歌颂岳飞，贬斥秦桧："强金扰扰我提兵，血战中原恨未平。大厦已斜支一木，岂期长脚（指秦桧）误苍生！"人民的爱憎多么分明。官方压制对岳飞的悼念，人们就借托"请仙"，来表达他们对岳飞的怀念和对投降派的痛恨。用宗教的神秘外衣掩盖起来的这种悼念活动，引起了当时人们更加强烈的反响。

韩世忠在岳飞被害后三个月，在灵隐飞来峰山腰建立起一座以岳飞诗命名的"翠微亭"，作为对岳飞的纪念，表示对当权者陷害忠良的抗议。韩世忠所建的翠微亭，经历代修葺，至今犹保存着。人们看到翠微亭，就会想起岳飞那首饱含爱国主义情感的《登池州翠微亭诗》：

经年尘土满征衣，特特寻芳上翠微。
好水好山看未足，马蹄催趁明月归。

尽管在南宋王朝的高压政策下，鄂州人民十家之中有九家，把岳飞的绘像挂在家中，晨昏奉祀。

人们恨不能杀死秦桧，殿前司（禁卫军）军校施全，在杭州望仙桥等候秦桧乘轿上朝经过那里的机会，手持斩马刀猛扑上前，可惜未能击中，只斩断了一根轿柱，当场被抓走，壮烈牺牲。

绍兴二十五年（1155），秦桧病死，人们纷纷上书要求为岳飞昭雪冤案。可是高宗毫不悔悟，反而任命与秦桧一丘之貉的万俟卨为宰相。万俟卨凭借宰相的大权，坚决阻止为岳飞昭雪，他对高宗说："虏方顾和，一旦录故将，疑天下心，不可及。"（《金佗稡编》卷九《昭雪庙谥》）

绍兴三十一年（1161）夏天，御史中丞汪澈到鄂州岳飞旧部巡视，校官们向汪澈申诉岳飞之冤。汪澈当场表示，愿奏闻。这话一出，官兵"哭声如雷"，有的边哭边说："为岳公争气！"

"中原望断因公死，北客犹能说旧愁。"岳飞的被害，对期望王师收复中原的父老，是一个严重打击。他们非常怀念岳飞。朱仙镇人民追念岳飞的功绩，暗地串联建庙，秘密祭祀。南宋孝宗时，朝廷给岳飞正式平反，南宋的臣民可以公开祭奠岳飞了，而朱仙镇人民在金人统治下，仍然不能公开祭祀岳飞。历经金、元二代，这座民间私建的岳祠，虽因年久而湮没荒圮了，但民众在春、秋两季结社（集会）时，设岳飞灵位以祭。到了明成化二十二年（1486），由当地官府出面，修建了岳武穆王庙。

历代纪念岳飞的庙宇，在全国好多地方都有，如杭州、汤阴、宜兴、九江、武汉等，其中规模较大的为杭州西湖岳飞庙墓和河南汤阴岳飞庙。至于和关羽合祀的“关岳庙”，更是布满全国大小城镇。

岳飞死后二十一年，绍兴三十二年（1162）六月，宋孝宗赵昚继位。孝宗主张抗金，接受了太学生程宏图“昭雪岳飞之罪”的上书要求，七月份，就为岳飞平反昭雪，追复岳飞原官；下诏悬赏寻觅岳飞的遗体，以便“以礼改葬”；下令访寻岳飞子孙后代，给以官职。隗顺的儿子看到寻找岳飞遗体的诏书，便将岳飞初瘗地告诉了朝廷。南宋朝廷遂将岳飞的骨骸迁出，用隆重的仪式迁葬于西湖边的栖霞岭下，即今日的岳墓所在地。隆兴二年（1164），宋孝宗赐智果院为褒忠衍福禅寺，这就是今日的岳庙前身。

杭州西湖岳飞庙墓在明朝天顺年间（1457—1464），“同知马伟修葺之，取所植桧，析干为二，号为‘分尸桧’。正德八年（1513），都指挥李隆又范铜为桧、桧妻王氏及万俟卨之像，反剪而跪墓前”。人民群众对奸佞恨之入骨，这三个铜像不久被游人击碎。万历二十二年（1594），按察副使范涞又重铸，并增加了张俊的跪像，墓阙后面还刻有一副对联：“青山有幸埋忠骨，白铁无辜铸佞臣”，表达了人民对民族英雄岳飞的爱和对秦桧一伙奸臣的恨。人们一走进岳飞陵园，无不为他的浩然正气和“尽忠报国”的精神所感动。八百多年来，岳飞庙墓得到不断修葺。1961 年，国务院将岳飞墓列为全国重点文物保护单位。

河南汤阴岳飞庙，其规模可与杭州岳王庙相比拟。汤阴是岳飞出生地，明景泰元年（1450），朝廷下诏在汤阴城内建岳飞祠堂。汤阴岳飞庙，也是国家重点文物保护单位。

除了建立纪念岳飞的庙墓之外，后人还留下了大量的悼念岳飞的诗文。岳飞的同时代人，南宋著名的爱国士人胡铨吊岳飞诗写道：

匹马吴江谁着鞭，惟公攘臂独争先。
张皇貔貅三千士，撑住乾坤十六年。
堪悯临淄功未就，不知钟室事何缘。
石头城下听舆论，万姓颦眉亦可怜！

这首诗，是对岳飞努力恢复中原的追忆，对岳飞浴血奋战保住了南宋半壁河山的热烈赞颂；揭露了致使岳飞功败垂成的南宋妥协投降政策，指出了南宋政府的高压政策钳制不住人们的舆论，人们站在岳飞一边，对岳飞的冤案寄予了最大的同情。

元朝高明的《岳祠》诗：

莫向中州叹黍离，英雄生死系安危。
内庭忽下班师诏，绝漠全收大将旗。
父子一门甘伏节，山河万里竟分支。
孤臣尚有埋身地，二帝游魂更可悲！

这首诗，正确地指出了南宋朝廷杀害岳飞父子的严重后果，即通过杀害岳飞破坏抗金事业，造成南北分裂的局面。

明朝的民族英雄于谦《岳忠武王祠》诗：

匹马南来渡浙河，汴城宫阙远嵯峨。
中兴诸将谁降虏？负国奸臣主议和。
黄叶古祠寒雨积，青山荒冢白云多。
如何一别朱仙镇，不见将军奏凯歌！

“如何一别朱仙镇，不见将军奏凯歌！”多么悲愤、沉痛的诗句，不由得不唤起人们对高宗、秦桧一伙误国君臣的痛恨。

明末民族英雄张煌言被捕后写下的《忆西湖》诗：

梦里相逢西子湖，谁知梦醒却模糊。
高坟武穆连忠肃（于谦），添得新祠一座无？

岳飞的爱国主义精神和英雄气节，哺育了一代又一代的民族英雄。于谦、张煌言，在面对国家危难的时候，正是以岳飞为榜样，挺身而出，肩负起救国的重任；在生死存亡的关头，更以岳飞“尽忠报国”“宁死不屈”的精神激励自己，视死如归。

“人生自古谁无死，留取丹心照汗青。”岳飞以他的爱国主义精神和宁死不屈的高尚情操光耀史册，给予后人以热爱祖国、保卫祖国、反对侵略、反对分裂、坚持统一的巨大精神力量！